图书在版编目 (CIP) 数据

小院士趣味科普百科 . 海洋篇 / 怀黎文化编著 . —重庆：重庆出版社，2014.3
ISBN 978-7-229-09151-4

Ⅰ.①小… Ⅱ.①怀… Ⅲ.①科学知识—少儿读物②海洋—少儿读物 Ⅳ.① Z228.1 ② P7-49

中国版本图书馆 CIP 数据核字 (2015) 第 048599 号

小院士趣味科普百科 . 海洋篇
XIAOYUANSHI QUWEI KEPU BAIKE. HAIYANG PIAN
怀黎文化　编著

出 版 人：罗小卫
策　　划：怀黎文化
责任编辑：袁婷婷
责任校对：何建云

重庆出版集团
重庆出版社　出版　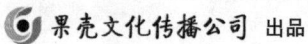　果壳文化传播公司　出品

重庆市南岸区南滨路 162 号 1 幢　邮政编码：400061　http://www.cqph.com
重庆天旭印务有限责任公司印刷
重庆出版集团图书发行有限公司发行
E-MAIL:fxchu@cqph.com　邮购电话：023-61520646
全国新华书店经销

开本：889mm×1194mm　1/16　印张：11.5
2015 年 5 月第 1 版　2015 年 5 月第 1 次印刷
ISBN 978-7-229-09151-4
定价：25.80 元

如有印装质量问题，请向本集团图书发行有限公司调换：023-61520678

版权所有　侵权必究

前言

用爱心守护孩子的科学梦想

北京市科协主席 周立军

科学这个词，常常让人觉得深奥而遥远，而说起科普，我们却希望它能够尽量生动丰富，饶有趣味，因为总板着面孔的科学会让人望而生畏。

而我们眼前的这套书展示给小读者们的将是一个生动丰富的科学世界。打开知识的大门，探索自然界的秘密，探索陆地、天空、海洋的秘密，探索宇宙空间的秘密，让孩子远离单调枯燥的内容，在轻松愉快的阅读中不知不觉接受大量知识，这正是我看完这套科普读物后的第一个感觉，而这恐怕也是很多科普作者一直以来都在追求的科普的最高境界：在生动愉悦的阅读中，贴近科学的真相；更好地领会科学的精神，让科学在孩子们心中生根发芽，开出美丽的花朵；让他们心目中那些难解的小问题都得到最恰当的解答；让解答的过程成为一次亲子互动的交流；让孩子们的心灵，沐浴着科学的阳光，茁壮成长。我想，这套书的出版，是出版者在用爱心，引领孩子们对于科学的热爱和追求。

作为一个科普工作者，我知道，现在的图书市场上其实并不缺少少儿科普图书，遗憾的是能够让孩子由衷喜欢、爱不释手的科普书却并不多见。本套丛书的编著，让我们看到了从有趣的角度深入浅出地向小读者们打开科学的大门。

这套丛书的语言也让我觉得很生动，每篇文章都特别注意青少年的阅读习惯和语言特点，并将之融入到问题的描述中，力求真实生动，活泼易懂，从天文地理到万事万物，宇宙和世界的奥秘就这样生动地摆在读者面前。所以，打开这套科普书中的任何一本，你将不会有大众科普类书籍呆板说教带来的枯燥感！轻轻地翻开书页，这里的每一个故事都会强烈刺激孩子的求知欲，给他们的想象力插上透明的翅膀。

　　向孩子介绍我们这个多姿多彩的世界，有很多种方法，而科普无疑是最重要，也是最有效的方法之一。让孩子对我们所生活的星球，以及星球之外的事进行探索，了解它的秘密，了解它的过去、现在、未来，让他们从天空中看到的不仅仅是星辰，还有那些星辰的秘密和由来，等等。用所有这些神奇的知识在他们幼小的心灵中种下美丽的幻想和希望，是一件十分美妙而有意义的事，我想，这也正是本套丛书编者们所着力浇灌的一个梦想。

目录

海水从哪里来…………………… 1	海冰全是蓝色的吗……………… 52
海底淡水何处来………………… 4	大海的"脉搏"是怎么回事儿……… 55
死海的传说真吗………………… 7	海水为什么越来越酸…………… 58
海啸的危害有多大……………… 10	厄尔尼诺到底有哪危害………… 61
海洋为什么会发光……………… 13	拉尼娜的危害有哪些…………… 64
海中"浮云"从何而来…………… 16	海水为何变红…………………… 67
海洋中也有河流吗……………… 19	海水和海底，谁是老大………… 70
"死水"中藏着什么秘密………… 22	海冰威力有多大………………… 73
"海底风暴"是怎么产生的……… 25	为什么海水会时涨时落………… 76
为什么海洋中也会飘"雪花"…… 28	世界海岛知多少………………… 79
海底"黑烟囱"为何喷金吐银…… 31	海平面是平的吗………………… 82
海底也有瀑布吗………………… 34	小岛也会旅行吗………………… 85
为什么海水结的冰不咸………… 37	海和洋有区别吗………………… 88
威德尔海为什么被称为"魔海"… 40	红海是怎样得名的……………… 91
海水淡化能应用到生活中吗…… 43	在大海里可以"种"燃料吗……… 94
海底玻璃来自何方……………… 46	陆地和海洋是什么关系………… 97
"黑潮"为什么是黑色的 ……… 49	为什么在海里要用到声呐……… 100

目录

海中的矿藏比陆地还多吗………… 103	海洋也能出药材吗……………… 154
为什么说海洋是地球的"肺"…… 106	为什么说里海是个冒牌货………… 157
海水中能提炼出金子吗…………… 109	人类能到海底居住吗……………… 160
海底为什么会出现"火光"……… 112	可以在大海中放牧鱼群吗………… 163
极地病毒会带来大灾难吗………… 115	能用海洋的"体温"来发电吗…… 166
为什么岛弧和海沟形影不离……… 118	海浪也能杀人吗…………………… 169
潮汐能发电吗……………………… 121	深海中也有生命吗………………… 172
为什么沙滩烫人，海水却让人打颤 124	海洋怎么能成为粮仓呢?………… 175
海岛是怎样形成的………………… 127	
海岸线每天都在变化吗…………… 130	
海底深沟有多深…………………… 133	
海水会越来越咸吗………………… 136	
马尾藻海为什么没有海岸………… 139	
海洋贝壳是垃圾吗………………… 142	
冰山是怎样形成的………………… 145	
海洋能当做垃圾场吗……………… 148	
人类能直接利用海水吗…………… 151	

海水从哪里来

小院士求知

◆ 地球的形成

要追溯水的来源，需要从地球的形成说起。现代科学研究告诉我们，地球是由太阳星云分化出来的星际物质聚合而成的。固体尘埃聚集结合形成地球的内核，外面围绕着大量气体。在地球刚刚形成的时候，结构松散，质量较小，温度很低，引力也不大。后来，随着地球不断收缩，内核的放射性物质开始产生能量，地球的温度也开始慢慢升高，有些物质开始变暖。其中较重的物质，如铁、镍等聚集在中心部位，最终形成了地核，最轻的物质就留在了地球的表面。

小院士的发现

我们转动一下地球仪就不难发现，海洋的面积要比陆地的面积大多了，难怪人们要用"无边无际""浩瀚无垠"来形容大海的辽阔。那么如此广阔的海洋中，这么多的海水究竟是从哪里来的呢？

◆ **地球上的原始大气**

地球缩小到一定程度之后，就不再收缩了，内部的温度也保持在一定水平，而地球表面的温度开始逐渐降低，形成坚硬的地壳。不过，因为地球内部温度很高，岩浆活动非常剧烈。火山爆发十分频繁，地壳也不断发生变化，有些地方隆起形成山峰，有些地方下陷形成低地与山谷，同时喷发出大量的气体。由于地球的体积不断缩小，自身的引力越来越大，所以喷发出来的气体已无法摆脱地球的引力，从而围绕着地球，构成了"原始大气"。

◆ **从天而降的水**

原始大气由多种成分组成，其中最重要的一种就是水蒸气。那么，水蒸气又是从哪儿来的呢？原来，组成原始地球的固体尘埃，实际上就是衰老了的星球爆炸而成的大量碎片，这些碎片多是无

机盐之类的东西，在它们内部蕴藏着许多水分子，即所谓的结晶水合物。结晶水合物里面的结晶水在地球内部高温作用下离析出来，就变成了水蒸气。

这些水蒸气喷发到空中，达到饱和时便冷却成云，又变成雨落了下来，慢慢地越积越多，汇成了湖泊、河流和海洋。

地球上的水开始形成时，不论湖泊或海洋，其水量都不是很多。随着地球内部产生的水蒸气不断被送入大气层，地面水量也不断增加，经历几十亿年的演变过程，最后终于形成了我们现在看到的江河湖海。

小院士探索

不同的意见

其实，关于水的形成，上面的说法虽然得到了大多数人的认同，但并不是唯一的观点，因为还有人提出了不同的意见。有人认为，在地球形成初期，原始大气中的氢、氧化合成水，水蒸气逐步凝结下来并形成海洋。也有人认为，形成地球的星云物质中原先就存在水的成分。此外，还有人认为，被地球吸引的彗星和陨石是地球上水的主要来源，甚至现在地球上的水还在不断增加。各种想法还真是千奇百怪，要想让他们统一意见，还真不是件容易的事呢！

海底淡水何处来

小院士求知

◆ 海底真的有淡水吗

无数现象都在不断告诉我们这样一个现实：地球上的淡水资源越来越少了。所以，全世界都在提倡节约用水，同时希望能开发新的淡水资源，以便解决水资源危机。面对浩瀚的大海，人们不止一次地幻想过：海中有没有淡水？我们能不能像钻探石油那样，从海底下找

小院士的发现

有这样一个神话传说：在茫茫的大海深处，有一座金碧辉煌的宫殿，在这座宫殿的周围是一堵无形的巨墙，把海水牢牢地挡在了外面。宫殿里的人好像生活在世外桃源一样。他们吃着自己种的庄稼，喝着从海底涌出来的甘甜的泉水，幸福极了。

当然，这只是个传说，可是，好多传说都有现实生活的影子。比如这个传说中提到的海里的"泉水"，在现实生活中就有，那么这海底的淡水又是从哪里来的呢？

到淡水呢？现在，科学家告诉我们，这是可以做到的。

在波斯湾的巴林群岛，人们曾经用竹管从海底的涌泉中汲取淡水；在希腊东边的爱琴海中，也有一处涌泉，一天涌出淡水100万立方米，人们将泉水与海水分开，灌溉了3万公顷的土地。近来，俄罗斯海洋学家的探测表明，大洋底部的淡水资源很丰富，其蕴藏量约占海水总量的1/5。由此看来，海洋并不都是咸的。

◆ **海底淡水哪里来**

那么，这些海底淡水究竟是从哪里来的呢？经探测，人们发现，海底的淡水来源有三个。

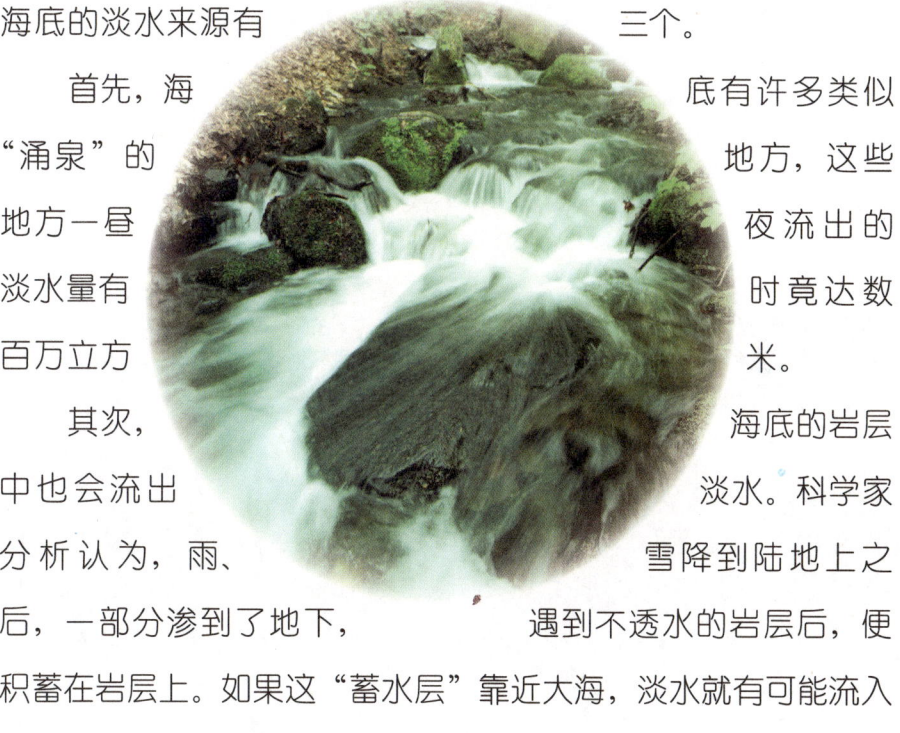

首先，海底有许多类似"涌泉"的地方，这些地方一昼夜流出的淡水量有时竟达数百万立方米。

其次，海底的岩层中也会流出淡水。科学家分析认为，雨、雪降到陆地上之后，一部分渗到了地下，遇到不透水的岩层后，便积蓄在岩层上。如果这"蓄水层"靠近大海，淡水就有可能流入

海底的岩层中。

另外，还有一部分淡水就是在海底生成的。经探测，专家们认为，地层深处有一个"放气带"，那里每时每刻都释放出数量惊人的气体，其中包括大量的氧气和氢气，它们结合后便可形成淡水。可不要小看了这部分淡水的数量，据推算，这样的淡水在地球内部共有 1.4×10^{11} 亿立方米呢！

小院士探索

海洋中的淡水区

我国闽南的古雷兰岛东面有一个小岛叫莱屿，距该岛约 500 米处的海面上有一片奇异的淡水区，叫作"玉带泉"。无独有偶，美国佛罗里达州和古巴东北部之间的海区，周围海水含盐量很高，但中间有一片直径为 30 米的海域，却是淡水。这些地方的水除了含盐量，颜色、温度、波浪也与周围的海水不同，人们称它们为"淡水井"。

为什么海洋中会出现"淡水井"呢？经科学考察发现，这些"淡水井"的底部都有一口喷泉，能够源源不断地喷出淡水。当喷出的淡水冲开海水，占据了一定位置以后，就会形成一个与周围海水完全不同的淡水区。

死海的传说真吗

◆ 死海的奇妙现象

我们知道，不会游泳的人在水中会沉下去，但在死海里却不会。

在死海中，虽然任何生物都无法生存，但人类却比较"占便宜"，因为即使是不会游泳的人，也能漂浮在死海之上。所以，第一次去死海的人都会被这样一幅幅景象惊呆：游客们悠闲地仰卧在海面上，一只手拿着彩色的遮阳伞，另一只手拿着一本画报在阅读。

为什么死海中会出现这样奇妙的现象呢？原因在于死海海水的密度超过了人体的密度，所以，任何人掉进死海，都会被

小院士的发现

传说两千多年前，罗马帝国的远征军来到死海边，打败了居住在那里的人们，还抓了很多战俘。残忍的罗马统帅命令士兵把俘虏们的手脚捆上，都扔进死海里，想把所有的人都淹死。可奇怪的是，这些俘虏被扔到死海中，竟然都没有沉下去，安然无恙地浮在了水面之上。这个传说是真的吗？

7

海水的浮力托住,当然就不会沉下去啦!

◆ **死海游玩的特别提示**

到死海去玩一点儿也不用担心吗?抱有这种想法的人可是要吃亏的!因为虽然死海不会对人的生命安全造成威胁,但还是有可能以其他方式伤害到人!

不少人以为死海浮力大,人沉不下去,因此可以随心所欲地戏水,其实不然。在死海中漂浮切忌动作过大而弄出水花溅进眼睛,因为死海的海水盐的浓度很高,哪怕只有一小滴溅进眼睛,都会难受得要命。所以,有经验的人到死海游泳都会带上一瓶淡水放在岸边,万一遇到这种情况可及时冲洗。此外,在死海中最好不要呛水。据说,有人曾不小心喝了一口死海里的水,结果胃里翻腾了好几天,想吐也吐不出来,难受极了!

如果身上有伤口，也最好别进死海玩，否则那些平时微小到你自己根本察觉不到的伤口马上就有灼热感，真如同"伤口上撒盐"。不过这也不是白疼的，经过死海"盐浴"之后，人的伤口往往会好得很快。

还有一点要提醒一下，死海岸边的结晶体坚硬带刺，很容易划破皮肤。另外，死海海滩上到处都是颗粒较大的鹅卵石，不常赤脚走路的人，在沙滩上走路脚底会疼痛难忍。所以，如果你打算尝试一下死海游的话，一定要事先做好心理准备哦！

小院士 探索

死海为什么叫"死海"

死海位于西亚，南北长80千米，东西宽5~16千米。它是地球上最低的水域，水面平均比海平面低400米左右。死海也是世界上盐度最高的天然水体之一，水生植物和鱼类都很难生存，沿岸树木也极少，正是由于这些原因，人们才给它起名叫"死海"。

另外，有一点要搞清楚，"死海"虽然被人们叫作"海"，但它其实并不是海，只是一个内陆咸水湖。而我们开头讲的那个传说，据说就是曾经发生在这个咸水湖边的真实故事。

海啸的危害有多大

◆ 引发海啸的原因

现在，科学告诉我们，海啸不是神的旨意，而是一种自然灾难。水下地震、火山爆发等大地活动都可能引发海啸。比如水下地震时，海底的地层发生断裂，部分地层猛然上升或者下沉，会导致从海底到海面的整个水层剧烈"抖动"，这样就形成了海啸。

海啸与我们平常所见到的海浪可是有很大区别的！

普通的海浪大多只会在海面附近起伏，涉及的深度不大，而且往往很快就消失了。而海啸可就大不一样了，它能够引起从海底到海面

小院士的发现

在古希腊神话中，海神波塞冬掌管着海洋。他脾气暴躁，拥有无上的权威，能操纵暴风雨，掀起巨浪粉碎船只，摧毁陆地上的房屋。

这个遥远的传说体现了古人对海啸的畏惧心理，也给浩瀚的海洋平添了几分神秘的色彩。虽然我们现在知道海洋并没有这样暴躁的统治者，可还是忍不住要问，海啸为什么这么可怕？人类有没有办法摸清它的脾气呢？

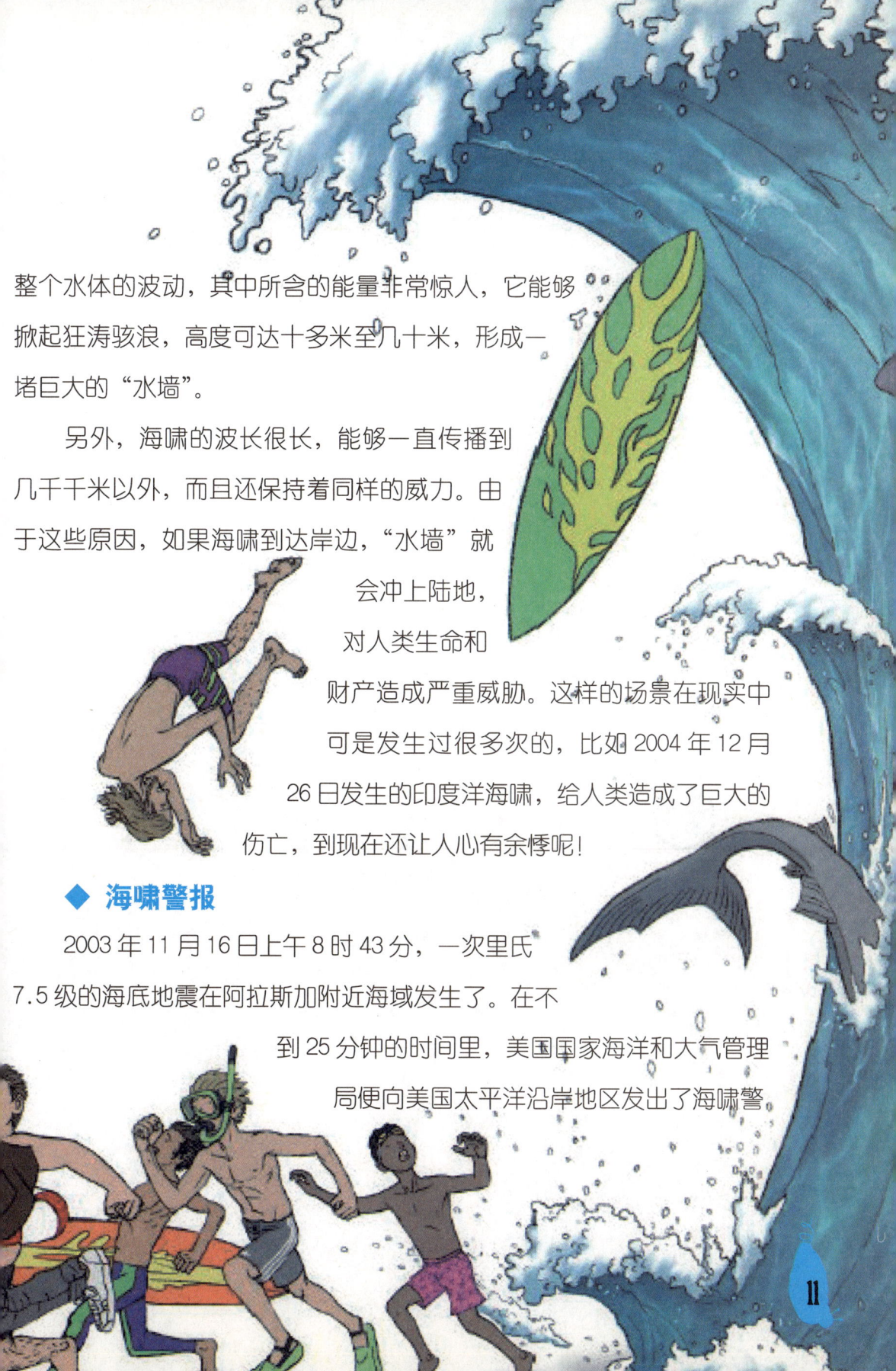

整个水体的波动,其中所含的能量非常惊人,它能够掀起狂涛骇浪,高度可达十多米至几十米,形成一堵巨大的"水墙"。

另外,海啸的波长很长,能够一直传播到几千千米以外,而且还保持着同样的威力。由于这些原因,如果海啸到达岸边,"水墙"就会冲上陆地,对人类生命和财产造成严重威胁。这样的场景在现实中可是发生过很多次的,比如2004年12月26日发生的印度洋海啸,给人类造成了巨大的伤亡,到现在还让人心有余悸呢!

◆ 海啸警报

2003年11月16日上午8时43分,一次里氏7.5级的海底地震在阿拉斯加附近海域发生了。在不到25分钟的时间里,美国国家海洋和大气管理局便向美国太平洋沿岸地区发出了海啸警报。40分钟后，在距阿拉斯加南面好几百千米的海底，一只压力传感器捕获了这次海啸的前锋波浪。数据显示，这些波浪非常小。在以前的计算机模拟中，科学家已经知道，这样的波浪是不大可能对夏威夷和其他遥远的太平洋海岸构成威胁的，于是在警报发出90分钟后就被撤销了。

几个小时后，这次海啸抵达夏威夷的希罗湾，它的浪高只有21厘米，比事先预计的仅高出2厘米左右。海啸没有造成任何破坏，人们悬着的心终于放了下来。

可不要小看这次警报的撤销，它给人们省去了很多麻烦！首先，成功地撤销一次警报可以节省很多人力和物力。例如在这次海啸中，如果科学家没有及时撤销这次警报，那么仅夏威夷一个地方，人们的撤离费用就会高达6800万美元。当然，如果科学家没有及时预报海啸或错误地撤销了警报，造成的损失会更大！

小院士探索

陨石撞击引发的海啸

最可怕的海啸来自天外星体（一般称为陨石）的撞击。当那些星体撞击地球时，它们有70%的可能落在海洋里，也有可能会引发海啸。科学家推测，这样的海啸大约每5200年发生一次；他们还认为，一个直径300米的天外星体引发的海啸可以掀起11米高的浪，并能淹没至少1000平方米的内陆地区。

这还只是直径300米的星体，如果星体的直径是1千米或者30千米呢？那后果就真的不堪设想了！

海洋为什么会发光

小院士求知

◆ 海上的亮光从哪里来

其实，这种海上的亮光叫海光。当然，海水是不会发光的，是生长在海洋里面的一些生物会发光。比如，海洋发光细菌就是会发光的海洋生物。在这种生物体内，由于荧光素和氧的结合，生成了一种氧化荧光素。这一化学反应产生的能量一旦释放出来就会形成光。海洋发光细菌一般都生活在热带和温带海洋中，并且常年寄生在鱼、虾和贝类身上。被寄生者常常借助这种光去寻找食物或驱赶侵犯者。有些海洋生物发出的光还不弱，一个挂水母发出的光，可以让我们在黑暗中看清对面站着的人的面孔；而长腹镖水蚤发出的光，亮度足够让人在夜间读书看报呢！

小院士的发现

夜晚在海上航行，即使没有月亮，也常常可以看到一道道亮光在海面上闪烁。有时像万点繁星，有时像一片温柔波动的乳脂，有时又像节日里绽放的绚丽多彩的礼花……第一次见到这种现象的人，都会觉得非常神奇。这么迷人的景象究竟是什么？又是如何出现的呢？

◆ **海光的种类**

海洋生物发出的弱光有很多种，我们就简单地介绍几种。

一种是火花型海光。这种海光出现在航行中的船舶四周及船尾的浪花泡沫里，主要是由颗粒很小的发光浮游生物引起的。这些浮游生物本身呈玫瑰红色，凭借其体内的一种脂肪物质微放光明。它们的弱光由无数白色的、浅绿色的和浅红色的闪光组成，但只有在海面有机械扰动或它们受到化学刺激时才比较明显。当海上风浪把它们推向海岸，它们受到撞击时也会放光，这时发出的光就好像钢花四溅一样，美丽极了！

另一种海光被称为弥漫型海光，是由海洋发光细菌引起的。海洋发光细菌的发光强度较弱，其特点是无论是否有外界扰动，只要这种发光细菌大量存在，海面就会出现一片乳白色光辉。这样的细菌多聚集在河口、港湾、寒暖流交汇处，下水道入海处或海水被污染处最多。

还有一种海光被称为闪光型海光。它是由海洋里躯体较大的发光生物所引起的，如水母、海绵、苔虫、环虫和蚌贝等。水母躯体上有特殊的发光器官，受到刺激便发出较亮的闪光。另外，某些鱼体内能分泌一种特殊物质，这种物质和氧发生作用就会发光。这种发光物通常是孤立地出现，在机械、化学物质刺激下才比较容易被发现，它们发出的海光特点是一亮一暗，反复循环，就好像有个摄影师在黑夜里拍照一样。

小院士探索

海光的利与弊

长期以来，生活在海洋地带的人们巧妙地利用海光为自己造福。如渔民们利用这些光寻找鱼群，识别暗礁、浅滩、沙洲等。正确掌握海光还可以预报天气，我国河北、辽宁一带的渔民经多年观察总结出"海火见，风雨现"的民谚。另外，生物发出的光没有电流，不会产生磁场，所以人们常常借助这种光进行消除磁性水雷的工作。

当然，海光也会带来一定的危险，比如在没有月光的夜晚，当船舶遇到海光时可能使船长产生错觉，导致海难。

海中"浮云"从何而来

小院士求知

◆ "埃齐勒斯"号的遭遇

第二次世界大战的一天,英国巡洋舰"埃齐勒斯"号正在太平洋上航行。忽然,"埃齐勒斯"号发出的高频声波测到240米就反射回来了,这说明声波在不远处遇到了障碍物。这个障碍物不可能是海底的,因为那里的大洋深度至少有5000米,难道遇到了德国潜艇?英舰上的官兵马上紧张起来,并立刻进入了紧急战斗状态。

不过,没过多久就证实,这只是虚惊一场。原来,这个特殊的声波反射区很庞大,面积达几百平方千米,厚度达100米。它既不是海底山脉,也不是鱼群,当然也就更不可能是德国人的潜艇了。可是,虽然排除了是敌人的可能,让大家迷惑不解的问题就又来了。这个神秘的水下怪物究竟是什么呢?

小院士的发现

在晴朗的日子,常会看到蓝蓝的天上飘着洁白的云朵。可是,那白色的云朵并不是天空特有的,因为在蔚蓝色的大海中,也有这样奇妙的"云朵",它在白天躲进深海避人眼目,到了夜晚才浮上海面。这种神出鬼没、行踪不定的海中"浮云"到底是从哪里来的?

◆ 四处漂移的"浮云"

为了的调查研究，最后终于找到了答案。解开这个谜，科学家进行了大量

原来，在浩瀚的大海浅层里，聚集着为数众多的浮游生物。这些浮游生物的气囊与声波共振，可使声波强烈散射。因此，这些浮游生物集结的水层，便成了声波的散射层。组成这些散射层的有磷虾、水母等。因为这些生物会

活动，所以这些漂在海中的"声波散射区域"也会随着地点、季节和昼夜的变化而变化，如同大团大团的"浮云"一般四处漂移。

◆ "浮云"为什么昼伏夜出

科学家认为，除了南极沿海个别海区外，在所有的大洋深处，都存在着类似的生物声波散射。就像天上飘动的浮云一样，深海"浮云"也遍布大海，只不过它们的浮动和天空中云朵的浮动有些不同。那就是天空中的云朵是左右平行移动的，可大海里的"云朵"却是上下垂直移动的。

为什么会这样呢？原来，这是浮游生物生存的需要。它们为了保持所在水域的光照强度不变，所以才在日出时下沉，日落后上浮。深海"浮云"的深度大致在200米到1000米左右，最典型的"浮云"深度是400米。

小院士探索

深海"浮云"的好处

深海"浮云"所散射的声波，会引起声波的混响，就像我们在空旷的山谷里大喊一声后所听到的回音一样，这种混响会给舰艇的主动声呐带来严重的干扰，使声呐找不到对方的潜水艇、鱼雷等目标。

当然了，这也不是毫无益处。比如，对于潜水艇来说，这也是一个很好的隐蔽条件，潜水艇可以利用这种绵亘几百千米的深海"浮云"秘密地接近敌方目标，完成作战任务，万一被敌方发觉，那也不要紧，只要钻进"云层"中躲藏起来，敌人就很难发现了。

海洋中也有河流吗

小院士求知

◆ 海洋中的巨型河流

在大洋中，有许许多多由各种海流构成的大洋环流，我们把它们叫作洋流。洋流也就是海洋中的河流。

比起陆地上的河流，洋流可以称得上是名副其实的"巨无霸"了。就拿洋流中的第一"巨河"——墨西哥湾暖流（简称湾流）来说吧，它的宽度有60千米到80千米，流层厚度约700米（相当于陆地上河流的深度），总流量每秒达7400万立方米到9300万立方米，比第二大洋流——北太平洋上的"巨河"——

小院士的发现

打开地图册，我们能看到陆地上有山脉、平原，有盆地，也有峡谷，这些地貌在海底世界也全部都有。那么河流呢？海中也像陆地上一样有河流吗？

黑潮，要超出1倍左右！如果同我们国家的长江相比，那可就是2600倍了。

◆ **湾流的起点和终点**

过去，由于技术水平的限制，人们总是很难判断湾流的起点和终点，现在有了卫星遥感技术，这个问题就难不倒我们了！

湾流是由大西洋热带海域中的几条洋流汇聚而成的，其源头来自赤道两侧的北赤道洋流和南赤道洋流。前者顺着小安的列斯群岛向北流去，后者在巴西北部海域分为两股：北股分支为圭亚那暖流，南股主流横穿加勒比海，进入美国东部的墨西哥湾，然后便以每昼夜约150千米的速度经佛罗里达海峡流入大西洋，并从那里改称为佛罗里达暖流。最后它又与奔腾北上的北赤道洋流汇合，共同组成举世闻名的墨西哥湾暖流。

在到达加拿大东侧海域后,这股强大的洋流又改称为北大西洋暖流,它借助地球的偏转力,特别是强大的西北风的威力,浩浩荡荡地一直奔向巴伦支海。

小院士探索

湾流——一个巨大的流动热水袋

湾流的水温很高,盐分重,水体呈深蓝色,可以在卫星影像图上明显地与其他海水区分开来,尤其是在冬季,湾流的水温要比周围海水高出8℃以上,加上流量极大,因而会对沿途气候产生很大的影响。

湾流给西北欧带来的热量,如果按照大陆沿岸的平均值估算,那就相当于每千米约6000万吨煤炭燃烧的能量。这个能量使西北欧的平均气温比北半球其他同纬度地区高出16～20℃。

也正是因为这个原因,虽然西北欧地处寒带,但港口终年不冻,降雨量也特别充沛,沿途山坡和平原,林木葱茏,花草茂盛,呈现出一派温带自然风光,这都要感谢湾流。

"死水"中藏着什么秘密

小院士求知

◆ 海水中的密度跃层

我们都知道，风吹在海面上，可以把能量传给海水，使海面产生波动。由于海水内部的摩擦作用，能量往深处传，波动随之传下去。但因为能量只能传下去一部分，所以越往深处去，能量越少，波动自然也就小了。

但是，不要因为这样，就简单地以为海洋里面没有波浪。

你试过在一个透明的器皿里装上水和油两种液体吗？它们会分成上下两层，当其中任何一层波动的时候，另外

小院士的发现

长期在海上生活的人总会碰到许多奇怪的事情。比如，天气晴朗，风和日丽，一条渔船正在海面上行驶，可是忽然间，船上的人会发现，正常航行的渔船速度突然变得很慢，甚至渔船会像被海水黏住一样寸步难移。那些亲身经历过这种事情的人在事后讲起，往往还会露出害怕的神色，可见那真不是件好玩儿的事。人们把遇到的这种海域，称为"死水"。那么，这让人感到恐惧的"死水"背后究竟隐藏着怎样的秘密呢？

一种液体也会产生波动。现在让我们来把空气也想象成一种液体，那么它和海浪的关系也就好像水和油一样了。所以，海面上的波浪，实际上就是出现在空气和海水这两层不同密度的流体分界面上的波动。

同样的道理，海水的密度在表层和深层也不是均匀分布的。比如，温度高的海水密度小，而温度低的海水密度大；盐度低的海水密度小，而盐度高的海水密度大。密度小的海水会聚集在密度大的海水上面，上轻下重，这样一来，海水自己也就分成了两层。这上下层之间自然形成了一个屏障，科学家把它称为密度跃层。

◆ **看不见的海浪**

密度跃层是海水的温度或盐度由很小到很大的一个飞跃变化的过渡层，有的会有几米厚。这种稳定的密度跃层可以作为界面，

把海水分成密度较小和较大的两层。在这种情况下，如果有某种外力作用在这种界面上，界面就会因振动而产生波动，于是产生了内波。这种内波就像海浪一样，可以传递到海洋的表面，虽然在海面上很难看到它的涌动，但它的作用却和波浪是一样的，也可以成为船体前进的阻力。

这也就是所谓的"死水"现象。由于这种波浪处于海面以下，肉眼完全看不见，因此，人们也以"看不见的海浪"来称呼内波。

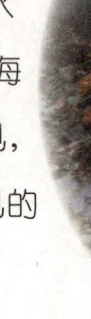

小院士探索

内波和人类的关系

内波虽然是肉眼难以观察到的，却与人类的许多活动有着密切的关系。比如，内波使海水产生上下波动，将生物从深层带到较浅的水层中，可以增加光照，促进光合作用，提高渔业产量。

在军事上，内波也扮演着很重要的角色，由于内波可以改变声音的传播方向和速度，所以有利于潜艇的隐蔽，不易被敌人确定自己的正确位置。但另一方面，由于潜艇运动会产生内波，所以在潜艇经过的航线上内波增强，容易被探测出来，又暴露了潜艇的活动。因此，如何利用内波，巧妙地隐蔽自己，迅速而准确地发现敌人，对潜艇作战是非常重要的。

"海底风暴"是怎么产生的

小院士求知

◆ 藏在大海深处的激流

海洋学家的研究告诉我们，在海底也有各种激流，它们就好像陆地上的飓风一样，一旦产生就会横扫一切。海洋学家把这些激流称为"海底风暴"。"海底风暴"的破坏力极强，它会冲掉安装在海底的科学仪器，毁坏海底的通信电缆，甚至还有可能危及海上石油钻井平台。

近些年来，卫星拍摄的世界海洋图告诉我们，世界各地的海洋中都存在旋涡。起初，海洋学家

小院士的发现

我们在电视节目里经常能看到这样的画面：潜水员扛着摄像机在忽明忽暗的海水中拍摄，各种各样的海中生物悠闲地在珊瑚丛中游来游去。

然而，深邃的海底世界并非总是那么平静，因为这里会刮起令无数海洋学家头疼和畏惧的"海底风暴"。"海底风暴"到底是什么？它又是何时产生的？

们把旋涡当作"海底风暴"产生的唯一原因。但是,没过多久,他们就发现,仅仅有旋涡还不足以引起"海底风暴",于是海洋学家们推测,"海底风暴"吸收的能量,还来自在海底蜿蜒流动的深海洋流。当旋涡带动深海海水朝某一方向流动时,一些洋流也开始向某一方向流动,于是洋流和旋涡造成的激流融为一体,形成了速度更快的洋流。这样一来,"海底风暴"的产生就有充足的先天条件了。

◆ 大气风暴

对于"海底风暴"的形成,还有另外一个起决定作用的因素,那就是大气风暴。如果大气风暴在某一海域持续数天,持续的时

间越长,海浪就越凶猛,传递到海底的能量就越多。当这些能量与洋流和旋涡融合而成的激流结合到一起时,"海底风暴"就产生了。

"海底风暴"发生的时候,海底也会产生类似陆地上沙尘暴的景观,即使科学家通过固定在海底的摄像机也没办法看清数米以外的情景。"海底风暴"经过的地方,不管是甲壳类动物、植物,还是岩石,都会被席卷而去。有时候,一场"海底风暴"过后,人们架设在海底的通信电缆和科学仪器就统统消失了,可见这个家伙的威力有多大!

小院士探索

"海底风暴"的能量究竟有多大

在6000米深的海域发生的"海底风暴",速度大概是每秒50厘米,这与每秒25米的台风速度相比太慢了,简直可以忽略不计。但是,我们要知道,深海海水密度几乎是大气的1000倍,计算能量有一个公式:能量 = 质量 × 速度,这么一算,你就可以想象"海底风暴"的威力有多大了!

最凶猛的"海底风暴",其破坏力相当于速度为每小时160千米的风暴,而风速超过每小时120千米的就已经是飓风了。所以,当你在影视节目中看到科学家在深海考察的情景时,可不要以为他们像旅游一样悠闲,因为搞不好就有被"海底风暴"卷走的危险。

为什么海洋中也会飘"雪花"

小院士求知

◆ 北冰洋里的奇妙景象

人们第一次发现大海也会下"雪"是在1974年。一次，当时苏联的一艘轻型潜艇去北冰洋做科学考察。为了能够取得更详细的调查数据，潜艇钻入了覆盖着坚冰的北冰洋之下，下降到了漆黑的深海之中。

一切准备就绪后，艇长命令打开探照灯，准备观察周围的环境。就在灯光打开的刹那，一幅奇异的景象让人们目瞪口呆：舷窗外纷纷扬扬的"雪花"正不停地飘落，甚至还能见到成串成串的"雪片"在海水中飞舞。在这些飘扬的"雪花"中，形态怪异的水母游来游去，成群的鱼儿

小院士的发现

很多居住在南方的人从来没有见过雪，所以，对雪有着无比美好的憧憬。的确，漫天飞扬的雪花，飘飘洒洒地散落于天地之间，那感觉真是让人无比向往！可是，大自然远比我们想到和看到的还要神奇。你恐怕不知道吧，这样美妙的场景，不仅仅会出现在陆地上，在辽阔深邃的海洋中，有时也会飘"雪花"呢！

嬉戏追逐……这些深海生物的交替出现，使奇妙的"雪景"更加绚丽多彩，人们简直像走进了神奇的魔幻世界一样，怀疑这不是真实的场景。

◆ "海雪"竟然是活的

从惊叹中清醒过来的人们很快就发出了疑问，海底怎么会有"雪"呢？要知道，这是在北冰洋，海面上有厚厚的坚冰，天空中的降雪根本到不了深海里。更何况，雪在水里面也是会融化的呀！

最后，还是科学家解开了这个谜。原来，这不是真正的雪，而是"海雪"。"海雪"也被称为"浮游生物雪",是海洋里的浮游生物及其他悬浮物组成的絮状物。这些悬浮物包括悬浮在海水中的各种各样的颗粒,比如生物体死亡后分解的碎屑、生物排泄的粪便、大陆水流携带来的颗粒,等等。

这些颗粒相互碰撞结合,像滚雪球一样越滚越大,形成大型絮状悬浮物,也就是我们所看到的"海雪"。

小院士探索

什么是浮游生物

浮游生物是指在水流运动的作用下被动地漂浮于水层中的生物群,包括一些体型微小的原生动物、藻类,也包括某些甲壳类、软体动物和某些动物的幼体,浮游生物可分为浮游植物和浮游动物。它们没有或仅有微弱的游泳能力,如果我们从大海或池塘中取一滴水,放在显微镜下观察,就会看到许多浮游植物和动物,浮游生物是食物链中的重要一环,所以我们要保护水生态平衡,就要从保护浮游生物做起。值得一提的是,远古时代海洋、湖泊的浮游生物曾是形成石油的重要基础。

海底"黑烟囱"为何喷金吐银

小院士求知

◆ 奇特的"黑烟囱"

长期以来人们一直认为，从海面越往下，海水的温度就越低，海底是一个阴暗、冰冷的世界。其实，这种想法是错误的。1948年，瑞典的一艘海洋调查船"信天翁"号在红海考察时发现，一些深海的水温要比海洋表层的水温高出很多，含盐量也很高，这让人们大吃一惊。等到了1979年年初的时候，美国海洋学家巴勒带领一批科学家对墨西哥西面北纬21°的太平洋进行了一次深入考察。当科学家乘坐的深水潜艇"阿尔文"号渐渐接近海底

小院士的发现

对于生活在农村的人来说，烟囱是最常见的了，家家户户在盖房子的时候都会在屋顶上给它留一个位置。在城市里，有些住宅区附近也会有一根高高的烟囱，那是供暖公司的锅炉用来排烟的。

对这些烟囱你可能早就习以为常了。可是，如果有人告诉你，在深深的大洋底部，还有另一种奇异的烟囱，你会怎么想呢？

31

时，透过潜艇的舷窗，他们看到一根根高达六七米的暗黑色烟囱般的石柱，石柱顶口喷发出滚滚"浓烟"。"阿尔文"号向"浓烟"靠近，并将温度探测器伸进"浓烟"中。一看测试结果，大家都被吓了一跳，这里的温度竟高达上千摄氏度！

◆ "黑烟囱"到底是什么

"黑烟囱"里冒出来的"浓烟"是怎么回事呢？原来，那是一种金属热液"喷泉"，当它遇到寒冷的海水时，便立刻凝结出金、银、铜、铁、锌等硫化物，并沉淀在"烟囱"的周围，堆成小丘。科学家还注意到，在这些温度很高的喷口周围，竟形成了一种特殊的生存环境，生活着许多贝类、蠕虫类和其他动物群落。

海底"黑烟囱"虽然都不算太大，但是它们的形成过程很复杂。能形成"黑烟囱"的地方，海底的地壳较薄，地球内部熔融状态的岩浆很容易从地壳内涌出来。这种来自地球内部的岩浆温度极高，并含有多种金属。当它接近海底表面的时候，就会与渗透下来的冷海水相遇，发生激烈的化学反应，使许多种金属从岩浆中稀释出来，从而形成富含金属的热溶液。这些热溶液从洋底的孔隙处高速喷射出来，就形成了海底的热喷泉。喷出的热液与冷海水接触后温度迅速降低，其中的金属便在这个过程中沉淀到海底，堆积成矿。天长日久，就形成了人们所看到的一座座富含金属、颇为壮观的水下"黑烟囱"。

小院士探索

矿产资源宝库

这些"黑烟囱"不但为大量深海生物提供了很好的生存环境，而且还能在短时间内为人类提供所需要的宝贵矿物。

据检测，"黑烟囱"喷出的溶液中，富含铜、铁、硫、锌。还有少量铅、银、金、钴和其他一些微量元素，正因为这样，它们也被称为"海底金银矿"。

这种矿床分布比较集中，开发技术难度小，它们的自然生长速度非常快，比锰结核还要快900万倍呢！所以，这是一种很有开发前途的大洋矿产资源，被科学家称为"未来的战略性金属"矿藏。

海底也有瀑布吗

小院士求知

◆ **世界上最大的瀑布**

既然已经提到了安赫尔瀑布,那我们就先多说两句。这条大瀑布地处委内瑞拉,它悬挂在高耸的峭壁上,落差达979米,比世界闻名的尼亚加拉瀑布高15倍。然而,世间竟有如此奇妙的事,海洋学家在冰岛和格陵兰岛之间的大西洋海底,发现了一个名叫丹麦海峡的海底特大瀑布,瀑布高3500米,这个高度可是安赫尔瀑布的4倍。

所以,陆地上最大的瀑布安赫尔瀑布与人们发现的这个海底瀑布相比,就是小巫见大巫啦!

◆ **无法亲眼目睹的壮丽奇观**

丹麦海峡的海底瀑布,是海洋学家在格陵兰岛沿海的航线上测量海水流动速率时发现的。测量人员把水流计沉入海中后,几次都被强大的水流冲坏。科学家由此推测,如此汹涌的水流,一定是因大量的海水从海底峭壁倾泻而下造成的。

小院士的发现

如果要问世界上最大的瀑布是哪一个,也许有人会毫不犹豫地脱口而出:这还用问吗?当然是委内瑞拉的安赫尔瀑布啦!这个答案对吗?安赫尔瀑布是陆地上最大的瀑布,那么在海洋里是不是也有瀑布呢?

后来经过多次测量，证实了情况确实如此。海底也有和陆地一样的瀑布。虽然人们没有办法直接看到，但海洋学家还是揭开了它的真面目。

据粗略估计，丹麦海峡的瀑布宽约2000米，落差约3500米，深藏在200～3700米深的海洋之中，厚约200米，每秒钟就有高达50亿升的海水从水中峭壁倾泻而下。打个比方，这大约相当于在1秒钟内将浩大的亚马孙河河水全部倒入海洋的流量的25倍。够惊人的吧！

哇，原来海底也有瀑布啊！

◆ **海底瀑布的作用**

海底瀑布不仅仅是巨大而已，它还有很重要的作用呢！

科学家考察发现，海底瀑布的产生是海水对流运动的直接结果，大块流体的运动实现了热量的转移，在维持深海海水的化学成分和水动态平衡中也起着决定性的作用。这些海底大瀑布就是这样促使地球两极温度低、含盐量大的海水流向赤道，而热带海洋的暖水流向地球两极，周而复始地运动。所以说，丹麦海峡大瀑布及其他海洋大瀑布，具有控制不同地区海洋的水温及含盐量的奇妙作用。

小院士探索

探险家的海底遭遇

最早发现海底也有瀑布的是现代海底探险家皮卡尔，他是在一次海底探险中偶然发现这个现象的。当时，他坐在深潜器内，打开海底探照灯，发现前面的水流十分异常，还没等他反应过来，深潜器突然向前滑动了几十米，接着便一落千丈，如坠落无底深渊。后来，皮卡尔才知道，自己乘坐的深潜器无意中掉进了海底瀑布之中，好在皮卡尔掉进去的只是一个小型的瀑布，不是丹麦海峡瀑布，否则就要有生命危险了。

为什么海水结的冰不咸

小院士求知

◆ 海水里的"苦味儿添加剂"

海水和我们平时所喝的水,成分并不完全相同。如果我们分别把海水和淡水盛在两个坩埚内,然后加热使水分蒸发干,你将会发现盛淡水的坩埚内几乎没有固态物质,而盛海水的坩埚内却沉淀了一些白色固态物质。

为什么会这样呢?原来,淡水是由水和微量的矿物质元素组成的,在给淡水加热蒸发的过程中,水不断汽化,最后完全转化为水蒸气逸出,因此锅内基本无残留物质。但海水的"家庭成员"

小院士的发现

夏天的时候,很多小朋友都喜欢到海边去游泳,所以你肯定知道,海水和我们日常用的井水、泉水、江河水不同,它又咸又涩,根本没办法直接喝下去。但是,你知道吗,这么咸的海水,结成的冰却不咸。这是为什么呢?

很复杂，在 1 千克海水中大约含有 35 克盐，另外，还有硫酸钙、硫酸镁等大量物质，这些物质的熔点较高，且不易挥发。在给海水加热的过程中，水不断转化为水蒸气，海水的浓度就不断增大，在水完全蒸发掉后，这些物质以固态的形式沉淀到锅底。因为海水中含有盐、硫酸钙和硫酸镁，而盐是咸的，硫酸钙是涩的，硫酸镁是苦的，所以海水又咸又涩又苦，不能直接饮用。

◆ **海水结的冰**

虽然海水是咸的，但海水冻成的冰却不咸。这究竟是怎么回事呢？

解答这个问题需要用到物理知识。海水中含有盐分等杂质，也就是说，那些盐分杂质的离子分散在水分子之间，同时，液态的水分子之间的距离要比固态的水分子之间的距离大。当温度降到足够低的时候，液态的水就开始变成固态的水，由于分子之间的距离缩

小了，所以没有空间容纳其他的离子。因此当海水结成冰的时候，就不再是咸的，而是淡的了。

不过，这并不是说海冰里就没有盐了。因为在水结冰的过程中，尤其是结冰速度较快的时候，被排除出冰的盐分，无法及时地溶解到剩下的水中，因此在海水结的冰中还或多或少会存在一些盐分。所以说海水是咸的，海水结的冰比海水要淡得多，但这并不是说海水结的冰就是完全的淡水。

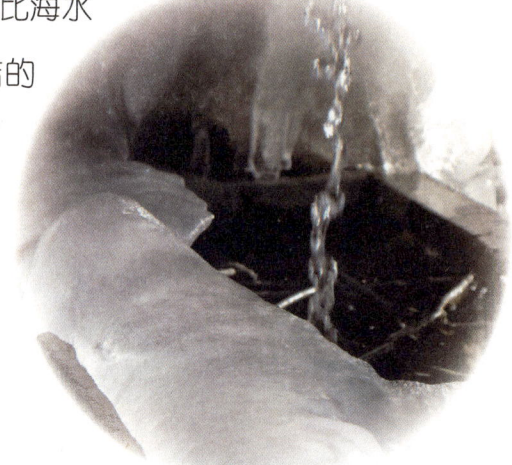

小院士探索

海水为什么不容易结冰

海水不容易结冰主要有两个原因：一是海水的含盐度很高，降低了海水的冰点，淡水结冰是在0℃，含10‰盐度的水的冰点为 -0.5℃。而含35‰盐度的水的冰点是 -1.9℃。地球上各大洋海水平均盐度为34.48‰。因此，海水的冰点在 -1.9℃左右。

二是季风和海洋洋流的存在，使得海水能够进行热能量交换。简单地说，就是赤道的"热水"会流到两极，两极的"冰水"也会流到赤道，海水的温度相对恒定，所以不容易结冰。

威德尔海为什么被称为"魔海"

小院士求知

◆ 可怕的流冰

如果说威德尔海真有什么魔力的话，那么，流冰就是其中最重要的一种。南极的夏天，在威德尔海北部，会出现大片的流冰群。这些流冰群像一座白色的城墙，首尾相接连成一片，有时中间还漂浮着几座冰山。这些流冰和冰山相互撞击、挤压，发出一阵阵惊天动地的隆隆声，让人心惊胆战。船只在流冰群的缝隙中航行是异常危险的事情，说不定什么时候就会被流冰挤撞损坏或者驶入"死胡同"。1914年，英国的探险船"英迪兰斯"号就被威德尔海的流冰所吞噬，再也没有回来。

此外，在威德尔海中航行，风向的把握也是非常重要的。在刮南风时，流冰群向北散开，这时在流冰群之中就会出现一道道缝隙，船只可以在缝隙中航行。可是，一旦刮起北风，流冰就会挤到一起把船只包围，这时船只即使不被流冰撞

小院士的发现

在南极，有一个叫威德尔海的水域，被人们称为"魔海"。好端端的一片海，为什么有这么一个可怕的名字呢？原来，从古至今，曾经有很多船只在这儿遇难。慢慢的，这片水域和很多可怕的传说连在了一起，这里也成了很多航海员最害怕的地方，避之唯恐不及。那么，威德尔海真有可怕的"魔力"吗？

沉，也没有通道离开，至少要在威德尔海的大冰原中待上一年，直至第二年夏季到来时才可能脱险。可是，一年的时间，船上的食物和燃料根本无法维持人类生存。所以，船只一旦遇到这种情况，就可能永远"长眠"在南极的冰海之中。

◆ 瞬息万变的海市蜃楼

船只在威德尔海中航行，有时会遇到非常美丽壮观的极光，但更多的时候，会遇到海市蜃楼，而这将给船只带来灾难。比如，船只正在冰山形成的"峡谷"中航行，突然前方却出现了巍峨陡峭的冰壁，迎面挡住了去路，眼看就要撞上去了；有时，船只明明在水中航行，不知怎么却好像开到了冰山顶上……可是，过了好一会儿，却仍然平安无事。原来，那些冰山只不过是虚幻的海

市蜃楼。但是，有的船只为了躲避虚幻的冰山，而与真正的冰山相撞，导致船毁人亡；有的受幻境迷惑而陷入被流冰包围的绝境之中。

所以，说威德尔海有"魔力"并不夸张，它的"魔力"在于让你无法避免地陷入绝境之中。

小院士探索

威德尔海的由来

1823年，英国探险家威德尔首先来到了位于南极的这片海域，后来，人们就把这片海域命名为威德尔海。威德尔海属于南大西洋，有550多千米宽，自从1914年英国探险船"英迪兰斯"号在这里遇难之后，"魔海"的恶名便传播开了，从此各国的探险、考察舰船对这片海域望而生畏。

其实，威德尔海并没有什么特殊的魔力，只不过因为一些奇特的自然现象，所以成了海难的多发地带。

海水淡化能应用到生活中吗

小院士求知

◆ 海水淡化是人类未来的希望

地球拥有的总水量很多，约为136亿亿吨，其分布大致是：海洋占97.2%，极地冰山占2.15%，地下水占0.632%，湖泊与河流占0.017%，云中水蒸气占0.001%。由于盐分问题，海水不能被陆地上的生命作为水源饮用。也就是说，地球上真正可以利用的淡水资源，仅占地球水量的十万分之一左右。所以，淡化海水就成了解决人类饮用水问题的主要途径之一，为此人们已经想出了不少办法。

◆ 蒸馏淡化法

所谓海水淡化，就是除去海水中的盐分以获得淡水的工艺过程。海水淡化的方法很多，主要有蒸馏淡化法、冷冻淡化法、反渗透淡化法等。目前，被普遍采用的方法是蒸馏淡化法。

蒸馏淡化法淡化海水其实很简单。首先，不

小院士的发现

早在16世纪的时候，英国女王伊丽莎白就曾经昭告全国：如果谁能发明一种简单实用的方法，把苦涩腥咸的海水淡化成可供人类饮用的淡水，谁就可以得到10000英镑的奖金。从那时候起，人们就已经开始了海水淡化的梦想和实践。这么多年过去了，人类在海水淡化的道路上究竟取得了多大的进展，这种方法能够彻底解决地球的淡水资源短缺问题吗？

断加热海水，使它一直保持沸腾状态，然后，引导高温海水进入保持真空的蒸发室，使海水在瞬间急速蒸发变成水蒸气，水蒸气通过冷凝器冷却后便凝结成淡水。通常，冷却水蒸气是用冷海水作为冷却剂，同时，水蒸气冷凝时放出的大量热量又可以用来加热海水，这样就可以周而复始不停地制造淡水了。

◆ 冷冻淡化法

冷冻淡化法也是淡化海水的方式之一。这种方法是降低海水的温度，使海水结成冰块，让盐分析出，然后再把冰融化，就可以得到淡水。据测算，冷冻淡化法使海水淡化所需要的能量要比用蒸馏淡化法使等量的海水淡化所消耗的能量少得多，所以，从某种意义上来讲，冷冻淡化法比蒸馏淡化法更有实用价值。

◆ 反渗透淡化法

反渗透淡化法是用一张结构特殊的渗透膜来实现海水的淡化，

这种渗透膜会让淡水通过而阻隔住盐分，这样一来，水和盐就分开了。这种反渗透淡化器可大可小，能够适合各种环境的使用，不过，反渗透淡化海水的关键是选择一种理想的渗透膜。这种渗透膜要求有足够的强度、溶解度小、抗腐蚀性强，在海水中长期使用不溶解、不变质。现在制造这种渗透膜的成本很高，只有提高技术、降低成本，才能成为一种真正实用的方法。

总之，目前的海水淡化技术已比较成熟，预计在不久的将来，淡化的海水很可能先成为沿海城市的主要淡水来源。

小院士探索

什么是南水北调

在不断进行海水淡化的同时，我国也在尽量采取其他措施缓和淡水资源的短缺问题，其中最著名的就是南水北调。我国南方多洪水，北方多干旱，南水北调工程就是希望把南方多余的水引到北方，一方面可以减轻南方的水灾；另一方面，也可以大大缓解我国北方水资源严重短缺的问题，是一举两得的战略性工程。

海底玻璃来自何方

小院士求知

◆ 神秘的海底玻璃

人们在大西洋深海海底探测时，居然发现了许多体积巨大的玻璃块。也许你会不以为然地说："这有什么奇怪的吗？也许是天然的呢。"其实，普通的玻璃是以花岗岩风化而成的硅砂为原料，在高温下熔化，然后定型、冷却而成的。然而，在大西洋洋底很难找到花岗岩，制作玻璃所需的温度和条件也不具备。那么有没有可能是人工制作的玻璃掉到了深海里？这个猜测似乎也不可能，因为海底的这些玻璃块体积非常大，远非人工所能制造。

◆ 科学家的推断

英国曼彻斯特大学的科学家对这些深海玻璃体进行了多方面的分析和研究，最终他们得出了两个推断。

第一种推断是，海底玄武岩受到高压后，同

小院士的发现

我们每天都会跟这样那样的玻璃制品打交道：喝水可能用到玻璃杯，开灯时看到玻璃灯管，搞卫生时要擦玻璃窗……这些玻璃制品已经是我们见怪不怪的东西了，但是有一处地方的玻璃却一定会让我们惊奇，那就是海底玻璃。海底为何会出现玻璃呢？

海水中的某些物质发生了一种未知的作用,生成了某种胶凝体,从而演变成了这些玻璃。

如果这种说法属实,那今后的玻璃生产就可以大大改观了。现在我们制造一块最普通的玻璃,都需要1400~1500℃的高温,而熔化炉所用的耐火材料受到高温玻璃溶液的剧烈侵蚀后,产生的有害气体也影响工人的健康。假如能用高压代替高温,将会彻底改变这种状况。

出于这个设想,有些化学家把发现海底玻璃地区的深海底的花岗岩放在实验室的海水匣里,加压至400个大气压力,可结果

却让人大失所望，根本没有形成玻璃。

第二种推断是，这些巨型玻璃源自月球撞击地球之后产生的高温高压。这种高温高压使月球和地球的接触面瞬间熔化，当月球脱离地球时，强气流造成的突然降温，使月球的撞击面——大西洋海底便形成了大面积的玻璃状结构的岩石。这个想法的确够大胆的，只不过没有任何依据能证明。奇怪的海底玻璃到底是怎样形成的呢？迄今仍然是一个未能解开的谜。

小院士探索

普通玻璃和海底玻璃

普通的玻璃在熔融状态下是一种较为透明的液体物质，冷却过程中黏度逐渐增大并硬化，主要成分是二氧化硅，属于硅酸盐类非金属材料，广泛应用于建筑物，那些巨大的海底玻璃块的成分和普通玻璃几乎没有差别，耐高温，化学稳定性好，透紫外光和红外光，熔制温度高、黏度大。此外，海底玻璃里还富含多种金属元素。

"黑潮"为什么是黑色的

小院士求知

◆ **黑潮不是潮**

首先要说明一点，黑潮并不是潮汐，它是和北大西洋湾流齐名的一支强大的暖性海流。在北太平洋西部海域，这股强劲的海流犹如一条巨大的江河，从南向北，昼夜不息地流淌。

其实，黑潮的水并不黑，甚至比一般海水更清澈。它看上去之所以是深蓝色甚至黑色的，是因为黑潮水中杂质极少，能见度达 30～40 米深。太阳散射光中的红、黄等色光为长波，这些光波可以被黑潮水所吸收，而只有黑蓝色的光波会被反射，这样，在人们的眼中，这儿的水就是蓝黑色

小院士的发现

在北太平洋的西部海域，浩瀚的水面上"漂浮"着一条深蓝色的水带，远远看去近似黑色。它从我国台湾东部洋面开始，向北蜿蜒，然后转向日本东部，渐渐融汇于北太平洋洋流之中。这就是有名的"黑潮"。这条独特的水带为什么是黑色的呢？难道是因为其中含有某种黑色杂质吗？

的，人们也就习惯称它为"黑潮"。

◆ **宽度会变的黑潮**

黑潮从太平洋的低纬度海域流向高纬度海域，南北跨度约 16 个纬度，东西跨度约 115 个经度，流经我国东海和日本南面海区，流程 4000 多千米，如果加上黑潮续流，全程约 6000 千米。

黑潮的洋面宽度不一样，它在不同的海区也有不同的变化。通常它的宽度为 150 千米，在日本列岛南面海域，黑潮的最大宽

度可达 200～300 千米。

黑潮的流速比一般海流要快得多，为每小时 3～10 千米。由此可以计算出，黑潮在我国东海的流量为每秒 3000 万立方米，这个流量相当于我国第一大河长江流量的 1000 倍，可见黑潮的流量之大。

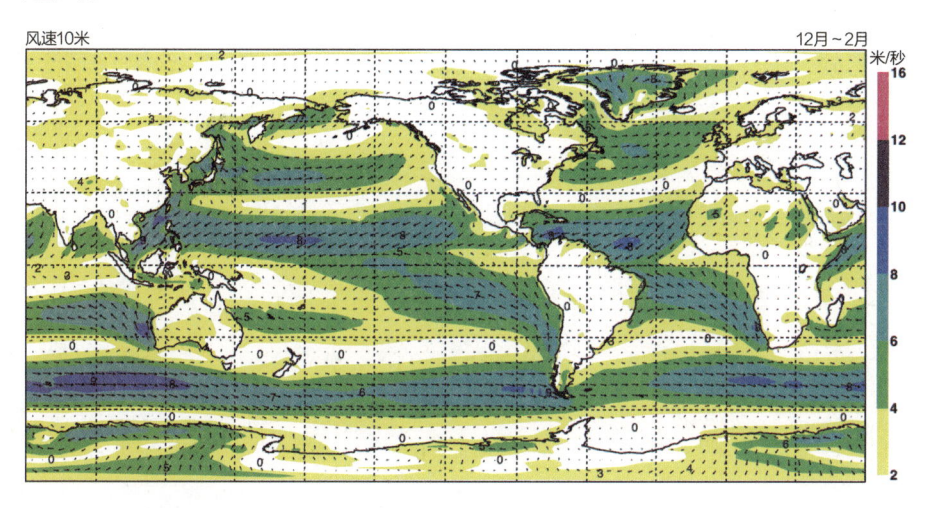

小院士探索

黑潮的影响

黑潮流经北赤道，由于北赤道太阳辐射强烈，因而，黑潮具有高温、高盐的特点。高温高盐的黑潮水浩浩荡荡、不分昼夜地由南向北流淌，给日本、朝鲜及中国沿海带来雨水和适宜的气候。

同时，黑潮对渔业生产也有重大的影响。当寒流和暖流相会时，平静的海水受到扰动，下层丰富的营养物质会浮到表层，促使浮游生物迅速繁殖，对渔业非常有利。黑潮的强暖流，也为暖水性鱼类的产卵和幼鱼的迁徙创造了条件。

海冰全是蓝色的吗

小院士求知

◆ **看看海水真正的颜色**

如果你有机会见到大海，一定会为眼前一望无际的蓝色波涛感叹不已。它蓝得那么可爱，在阳光的照射下，尽情地释放着璀璨的光芒，犹如一大块蓝色的宝石。但是，当你用手捧起一捧海水，想和它亲近一下时，却会发现，手心里的海水是无色的！

还有一种情况也会让你疑惑，如果你坐船自我国东部沿海从北向南旅行，就会发现，刚开始路过的渤海和黄海的海水都是黄色的，等到了东海后，海水就渐渐变绿了，继续往南走，船进入了南海，这时，你看到的才是一片蓝蓝的海水。

其实，海水不只有这几种颜色，还有红色、白色和黑色。

◆ **海水为什么会变色**

为什么捧在手中的海水是没有颜色的呢？首

小院士的发现

地球仪上或地图上的大部分地方是什么颜色？是蓝色。因为世界上约有71%的面积都被海洋覆盖着，所以，我们常说地球是一个蓝色星球。不过，如果海水真的都是蓝色的话，为什么我们还会看到黄海、黑海、红海这样的名字？海水究竟是什么颜色的呢？

先，我们要知道，太阳光是由红、橙、黄、绿、青、蓝、紫七种可见光组成的，这些光的波长都不一样。不同深度的海水会吸收不同波长的光，而把另一些反射或折射出来。

红、橙、黄等光的波长较长，是海水最不挑剔的，它们很容易就能穿透海水，在海水还不深的时候，就都被吸收掉了，所以海水很少有这些颜色。当海水变深时，海水开始"挑剔"绿、青等光，对它们的反射或散射增强，水就是蓝绿色的了。海水更深时，就开始反射蓝、紫等光，所以，越深的海，看起来越蓝。

这么说起来，为什么海洋不是紫色的呢？这个问题出在我们

的眼睛上。人的眼睛对某些光是"视而不见"的，如紫光，对一些光却很敏感，如蓝光。所以，海洋在我们眼中是蓝色的而不是紫色的。

我们用手捧取的海水少，七种可见光都"过关"了，没被反射或散射出来，所以我们看到的就是无色的海水。

那么，五颜六色的海水又是怎么回事呢？黄河夹带的大量泥沙流到海里，形成了黄海；大片红褐色的海藻长在海底，形成了红海；大量动植物的尸体腐烂发黑，和着污泥存留在海底，形成了黑海。这些有颜色的海都因为各自不同的海水状况得名。

小院士探索

海水分几层

根据光线透射入海水的不同程度，海水共分为四层，从海洋表面到200米深的水层，叫作海洋上层；这里阳光透过海水，水里比较明亮，海水是蔚蓝色的。200～1000米深的水层，叫做海洋中层；这里阳光不能全部透过海水，光线十分微弱，海水是一片黑蓝色。1000～4000米的水层，叫作半深海层；这里觉察不到一点儿阳光，一片漆黑，是一个黑暗世界。4000米以下为深海层，这里就更加漆黑了。不过半深海层和深海层的鱼类大部分都有发光器官，以帮助它们在黑暗无光的环境中觅食和行动。

54

大海的"脉搏"是怎么回事儿

小院士求知

◆ **真的是无风不起浪吗**

大家都听过"无风不起浪"这句话吧？它的本意是说海水只在有风的情况下才会泛起浪花，可是实际上，海上有风没风都会产生波浪！在我们的印象中，海浪是风推动着海水来回晃动而产生的，但是除了这种风浪，还有别的海浪。有句话叫"无风三尺浪"，除了风之外，月球等天体的引力也会造成海水的涨落，海底地震、火山爆发等一系列海底活动更可能形成海啸等。这些都会引起海水的巨大波动，这种海浪也叫涌浪或近岸波。

小院士的发现

我们去中医院看病时，医生常会先摸摸我们的脉搏，从脉搏的跳动来察看我们的病情。你们看大海，它翻起的阵阵海浪多么像人的脉搏啊！和人的脉搏一样，海浪也从没停息过。我们不妨来试着摸摸大海的"脉搏"，看看会有什么样的发现吧！

◆ 海浪送给我们的礼物

　　小小的浪花聚集在一起，不仅形成了翻滚的海浪，还能产生让人难以想象的巨大能量。全球海洋中，仅风浪和涌浪的总能量就相当于到达地球外侧的太阳能的一半。这样巨大的能量朝着海浪传播的方向不断传递着，从没停止过。波浪的高度每增加1倍，它所蕴藏的能量就能增加4倍。如果能用它来发电，那真是再好不过的自然资源了，完全是免费使用，重要的是既安全又没有污染！但是，波浪总是一起一伏地运动着，要把这种运动中的能量转换成电能并不是那么简单，海洋学家还在苦心寻找着提取波浪能量的方法。

波浪带给人们的礼物还不只这些。当你光着脚踩在柔软的沙滩上，和伙伴们用细沙堆起一个又一个沙堡，或是整个人藏在细沙下晒太阳时，可曾想过，这些均匀的细沙是怎么来的吗？海边那些光滑漂亮的石子又是谁带来的呢？要知道，这些可都是海浪辛勤"劳作"的结果！是它们日复一日，年复一年，把大石块击碎，然后又把粗石磨成细沙，淘走泥土，洗净沙粒，才有了今天如此美丽的沙滩。所以，当你在享受沙滩的美好时光时，千万不要忘记了海浪的功劳。

小院士探索

大海的坏脾气

海水喜怒无常，有时微波荡漾，安静得没有一点儿声音，温柔极了，可发起脾气来又巨浪如山。斯里兰卡海岸上一座距海面60米高的灯塔竟然被巨浪激起的浪花打碎了。世界上最大的半潜式钻井平台之一，加拿大纽芬兰省海岸外一座石油钻井平台，在巨浪的袭击下沉入海底，平台上的84名工作人员全部遇难。一艘美国轮船被地中海北部海域的巨浪劈成了两段。你看，海浪多么厉害啊！

海水为什么越来越酸

小院士求知

◆ **怎样区分酸碱**

pH 是人们用来区分酸碱的"尺子"。它的"刻度"从 0 到 14。7 是酸碱的分界线，属中性。从 0 到 7 属酸性，pH 越小酸性越强。从 7 到 14 属碱性，pH 越大碱性越强。很明显，海水变酸，就意味着它的 pH 越来越小了。

◆ **海水为何会变酸**

虽然海水的 pH 会因区域或季节的变化而变化，但空气中的二氧化碳却是让海水变酸的主要因素。海洋就像一个天然的换气扇，每小时吸收 100 万吨二氧化碳，每天能吸收 2000 万到 2500 万吨二氧化碳，这相当于人

小院士的发现

前不久，经过对南太平洋的塔希提岛至阿拉斯加一带的太平洋水域的考察之后，科学家发现海水变得越来越酸了。

海水不是咸的吗？怎么会变酸呢？难道是酸雨下得太多了吗？

类燃烧石化燃料向大气排放二氧化碳量的1/3。

或许你会问了，二氧化碳不是温室气体吗？大量的二氧化碳被海洋吸收不是可以减缓全球气温的升高吗？这个道理没错，但是，海洋吸收二氧化碳的量也是有限度的。现在，大气中的二氧化碳含量比过去的65万年都要高，而其中一半都被大海吸收了，二氧化碳与海水发生化学反应后能生成碳酸，海水就变酸了。

因为表层海水与中深层海水的混合需要数百年的时间，所以，海水酸化表现最明显的就是表层海水。有研究数据表明，到2050年，海洋的pH将下降0.3。别看是有小数点的数字，pH下降一个单位就意味着海水的酸性增强了10倍，这一速度大约是过去250年

间海洋 pH 下降速度的 4 倍。

◆ **海水酸化会带来什么**

海水越来越酸的话，许多海洋生物就要遭殃了。那些钙化（产生钙壳或外壁）的海洋生物，如钙化浮游植物、钙化大型藻类、珊瑚类、贝类等海洋生物生长骨骼和外壳的能力就会降低。贝类会消耗更多的能量来不断加厚自己的壳，而它们就没有能量来长肉了。珊瑚会很难形成躯干，变得越来越少，如果再加上海水温度的提高，到 21 世纪末，珊瑚礁有可能会完全消失。此外，海中一些浮游生物的生长速度也会减慢，鱼类就会因缺乏食物而死亡。

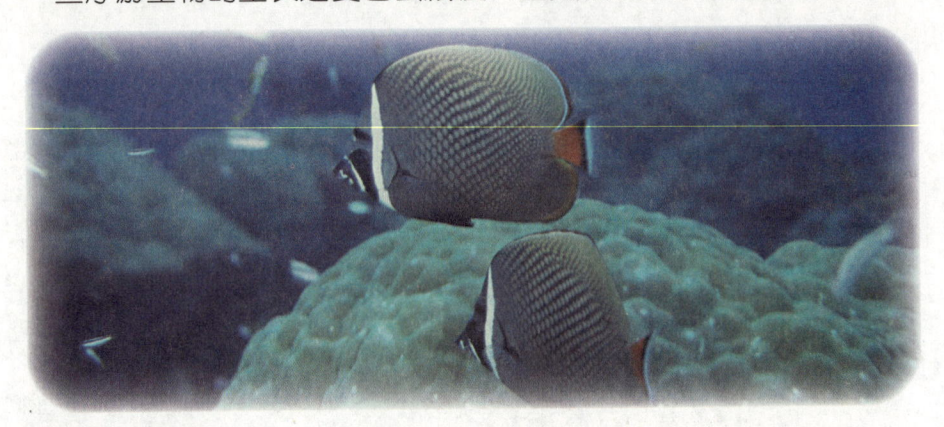

小院士 探索

海洋酸化的生态效应

关于海水变酸对海洋生态的影响过程，科学家尚缺乏认识。海水变酸对海洋生物活动的影响，分为直接影响与间接影响，直接影响包括二氧化碳浓度增高与酸化对生物的影响，间接影响包括因酸化导致的海水营养组合及浓度的变化所引起的效应。

厄尔尼诺到底有哪些危害

小院士求知

◆ **厄尔尼诺现象**

厄尔尼诺现象实际上是一种异常的气候现象，它是因太平洋赤道带的海洋和大气相互作用失去平衡而产生的。

一般情况下，太平洋赤道带的季风洋流是从美洲流向亚洲的，可以为印度尼西亚周边带来降水。但是厄尔尼诺一出现，季风洋流的方向就发生了改变，本该从美洲流向亚洲的洋流变成了从亚洲流向美洲，与此同时厄尔尼诺也把降水带走了。

其实，厄尔尼诺现象有许多很明显的特征。比如，它

小院士的发现

在19世纪初，位于南美洲的渔民发现，每隔几年，从10月份到来年的5月份，海水的温度就会高于正常的温度，并使一些生活在冷水中的鱼类大量死亡，这种情况在圣诞节前后最为严重，渔民们的生活受到很大的影响，他们只能无奈地把这种现象称为上帝之子——圣婴。因为这些渔民大多是说西班牙语，音译过来就是厄尔尼诺。

什么是厄尔尼诺现象？它会带来哪些危害呢？

一般2～7年出现一次，具有周期性；它会使海面水温上升，造成海水水位上涨；还会使全球的降水变得不平均，一些地区异常干旱，而另一些地区会出现大量降水。

◆ **厄尔尼诺现象的危害**

厄尔尼诺现象的危害真不可轻视。它对气候的影响非常明显，以至于全球的气候都变得十分古怪：该凉快的地方变得炎热干燥；天气该转暖的时候却下起了鹅毛大雪；明明已经到了雨季，却晴空万里。就拿中国来说，受到厄尔尼诺的影响时，沿海地区在夏天应该是多台风的，但是台风却减少了；北方地区夏天本来应该是凉爽的，但是却更容易发生高温、干旱；而在南方，本应该炎

热的天气却是低温并伴随着洪涝灾害。

气候的反复无常，给我们的日常生活带来了很多麻烦。海水温度的升高使许多海洋生物大量死亡，洪涝灾害使人们流离失所，炎热干旱直接导致粮食的减产。气候的变化无常更会引起泥石流、暴风雪、地震等自然灾害。

◆ 探索厄尔尼诺现象

经过科学家的研究发现，厄尔尼诺现象和火山的活跃期有一定的联系，多发生在强火山爆发后的1～2年内。同时还与地球的自转速度有关，特别是自转变慢的年份容易发生。而且，它和温室效应、全球变暖也有一定的关联。所以，我们要注意保护环境，这也是在保护我们自己的家园。

小院士探索

上帝之子

其实，厄尔尼诺并不是只给人们带来危害。在19世纪初期，人们给它取名为"上帝之子"，不仅是因为它经常在圣诞节前后发生，更重要的是，它与当地的丰收密切相关。1925年3月，秘鲁附近的沙漠地区降雨量多达400毫米，沙漠居然变成了绿洲，几乎使整个秘鲁覆盖着茂盛的牧草，羊群也成倍增多，许多不毛之地也长出了庄稼，于是人们认为这是上帝带给他们的礼物。但是后来，随着气候的转变，人们发现，"圣婴"带给人类更多的是灾难。

拉尼娜的危害有哪些

小院士求知

◆ 拉尼娜现象

拉尼娜在西班牙语中是"小女孩、圣女"的意思。因为与厄尔尼诺现象相反,并且经常发生在厄尔尼诺之后,所以人们又把它称为圣婴的邪恶妹妹——"女婴"。

简单地说,拉尼娜现象是指赤道太平洋东部和中部海水大面积持续偏冷的现象,表现为海水表面的温度要低于气候平均值0.5℃以上,而且持

小院士的发现

在对厄尔尼诺现象的研究中,科学家发现了一个奇怪的现象:在厄尔尼诺出现之后,总会伴随着出现与"厄尔尼诺"特征相反的现象,即"反厄尔尼诺"。如果说厄尔尼诺使干旱的地区变得多雨,那么"反厄尔尼诺"就会使干旱的地方变得更干旱。科学家把这种现象称为"拉尼娜现象"。那么,拉尼娜现象又会给我们的生活带来哪些影响呢?

续时间会超过 6 个月。

实际上，拉尼娜现象是热带海洋和大气共同作用的产物。我们知道，海洋表面的运动主要是受海风的控制。海面上有一种风，刮风的时间固定，方向也不变，很守信用，所以我们也叫它信风。信风会吹走大量的暖水，靠海面下的冷水进行补充。当信风异常强烈时，海面冷水就增加，导致海面温度偏低，这样就引发了拉尼娜现象。

◆ 拉尼娜现象的危害

同厄尔尼诺现象一样，拉尼娜现象给我们日常生活带来的危害也不容忽视。拉尼娜现象的特征是飓风、暴雨和严寒，它与厄尔尼诺现象都会使全球气候出现严重异常。

从世界范围来看，拉尼娜现象会在南部非洲引起暴雨和洪灾；在肯尼亚和坦桑尼亚造成干旱；在菲律宾和印度尼西亚酿成洪灾；在南美洲的南部地区则造成异常的干燥少雨天气。对我国来说，北方地区春季的沙尘暴、东部地区的春旱和夏季的洪涝灾害都是拉尼娜的作用。

小院士探索

厄尔尼诺现象和拉尼娜现象有必然联系吗

现代研究认为，拉尼娜现象其实是厄尔尼诺现象之后的一种矫正过渡。在一般情况下，拉尼娜现象会伴随着厄尔尼诺现象而来，虽然拉尼娜现象常发生于厄尔尼诺现象之后，但并不代表每次都是这样。从1950年以来的记录看，厄尔尼诺现象的发生频率明显要高于拉尼娜现象。

特别是在全球变暖的今天，拉尼娜现象已经有明显的减弱趋势，其破坏强度和影响程度也远远不及厄尔尼诺现象。

海水为何变红

小院士求知

◆ **赤潮产生的原因**

其实，这种现象源于一种海洋灾害，它的名字叫作"赤潮"。

赤潮又叫红潮，是在某些环境条件下，海水中的一些浮游植物、原生动物或细菌暴发性增殖或高度聚集而引起水体变色的一种有害生态现象。虽然叫赤潮，可是海水并不一定都变成红色，有时会变成黄、绿等不同的颜色，这是因为引发赤潮的生物种类不同。此外，有些生物引起的赤潮甚至不会使海水呈现出特别的颜色。

◆ **发生赤潮的原因**

赤潮被人们称作"红色幽灵"，也叫作"有害藻华"。它产生的原因特别复杂，总的来说，有以下几种。

赤潮生物大量增殖。赤潮生物包括鞭毛虫类和甲藻类等，它们在海水中所占的比重并不大，

小院士的发现

在清代蒲松龄的《聊斋志异》中描述过一段海水变红发光的现象，而在《旧约·出埃及记》中有这样的一段描述："河里的水，都变作血，河也腥臭了，埃及人就不能喝这里的水了。"

海水变黏稠，发出腥臭味，颜色也变成红色或者接近红色，这样的情况在现实中也存在着，那么到底是什么原因使海水变红了呢？

但是如果海水被污染了，就会使这些赤潮生物过量繁殖，在海水中疯狂地增长。

海水富营养化是首要条件。富营养化就是指营养物质在水体中大量积聚，水中的营养盐类比如氮、磷，微量元素比如铁、锰等，以及有机化合物的含量增加。经检测结果显示，发生赤潮的海域中的水体都遭到了严重的污染，氮、磷等营养盐物质超标。

海水温度和盐度的变化是赤潮发生的重要原因。如果一个星期内海水的温度突然升高2℃以上，海面温度达到20～30℃，就有发生赤潮的危险了。

海水养殖造成的污染也是诱发赤潮的因素之一。在鱼虾的养殖中，人们投放的鱼饵太多，养殖池内的饵料增多会污染养殖水质。同时，每天大量的污水排入海中也加快了海水的富营养化，这样就为赤潮的产生提供了合适的环境。

小院士 探索

赤潮会对人类产生危害吗

虽然赤潮对于我们不会有直接的伤害，但是有些赤潮生物会分泌毒素。当鱼虾、贝类等海洋生物处于赤潮区域内，就会吸收海水中的毒素。这些毒素会在它们的体内积累，当我们食用这些鱼虾、贝类时，就会中毒，甚至会危及生命。

研究发现，由赤潮引发的毒素，比眼镜蛇的毒素要高80倍，比一般的麻醉剂要强10万多倍。据统计，全世界因赤潮引起的中毒事件约有300多起，死亡300多人。

海水和海底，谁是老大

小院士求知

◆ 不断生长的海底

原来，在地球上，所有海洋的底部都由一条望不见边际的雄伟山脉串连着。这条山脉起自北冰洋，横跨冰岛，穿越大西洋，绕过非洲，沿印度洋西侧向北延伸，一直到红海，然后调头顺着印度洋东侧到达大洋洲，横过南太平洋，最后沿着美洲大陆的西海岸奔向阿拉斯加。人

小院士的发现

科学研究表明，海水中的盐都是由流入大海的江河带来的。所以，根据海水中的含盐量，人们就可以间接推断出海水的年龄。目前，科学家公认的海水年龄约为45亿年。人们普遍认为，海底的年龄应该大于45亿年才对。可是科学家多年来对太平洋底的测定结果却显示，太平洋底的年龄最大也没有超过1.5亿年。这真是令人们百思不得其解。为什么会出现这种奇怪的现象呢？

们把这个绵延不断的海底山脉称为大洋中脊。

　　大洋中脊上的山峰又高又陡，无比巨大，而且还有一个很突出的特点，那就是这些山峰都被它们中央的裂谷深深地一分为二，形成双峰并排的样子。此外，到现在为止，人们发现的很多地震震源也正好是沿着这条大洋中脊的中央裂谷和脊段之间的横向断裂而分布的。由于裂谷和断裂带的存在，这里的地壳就显得非常薄，厚度大概只有3～5千米，地底下高温高压的熔岩就以这层薄薄的中央裂谷为突破口，不断冲破古老的海洋地壳向外喷涌。当这

些喷涌而出的熔岩碰到海水后，又会逐渐冷却，凝固形成新的地壳，同时把老地壳向外排挤，这样年深日久的变化，就形成了海底扩张的现象。

◆ 1.5亿年更新一次

大洋中脊扩张的速度是非常慢的，每年产生的新地壳只有10厘米左右，而面积最大的太平洋海底的宽度大约为15000千米，这样算下来，每隔1.5亿年的时间，整个太平洋的底部就会完全更新一次。所以，大洋底的年龄不超过1.5亿年，而与海水比较起来，海底也就显得越来越年轻了。

小院士探索

喝一口海水相当于吞下1000种微生物

不久前，海洋生物学家们在全球多个海洋研究点采样调查和分析后惊讶地发现，生活在海洋中的微生物种类竟然有上千万种，比人类以前估计的数量要多出100倍。这也就意味着，如果一个人在大海中游泳时，不小心吞下了一口海水，他同时也会吞下1000种微生物。而在这次研究之前，只有约5000种海洋微生物为人类所知。事实上，生活在海洋里的细菌种类高达500万~1000万。

海洋生物学家表示，海洋微生物是地球最早生命形态的后代，如果没有它们，就不会有地球上那么多的生物，甚至不会有人类的存在。因此，科学家们迫切地希望对这些生物有更多的了解，这对研究地球生物未来的进化规律有非常重要的意义。

海冰威力有多大

小院士求知

◆ 海冰是怎样形成的

海冰，简单地说就是由海水冻结而成的冰。当气温降到0℃以下的时候，河水就可以结冰。但是海水中有较多的盐分，不利于凝结成冰。所以海水冻结成冰，需要更低的温度，还需要很多其他条件。

首先，气温要低于水温，这样海水中的热量才能大量散失。其次，当水的温度到了0℃以下，但是却没有结冰，这叫作过冷却现象。存在少量的过冷却现象，是形成海冰的条件之一。最后，海水中要有悬浮的微粒，这些物质使海水更容易凝结成冰。

小院士的发现

看过电影《泰坦尼克号》的人，都对游轮撞击冰山的一幕印象深刻。巨型游轮"泰坦尼克"号遭到了灭顶之灾，船上上千人丧生，这场巨大的灾难在很长一段时间内令海员们对海中的冰山充满恐惧。

那么海上的冰山是怎么形成的呢？为什么当时号称最大游轮的"泰坦尼克"号在冰山的面前如此不堪一击呢？

当以上条件都得到满足时，海冰就可以形成了。刚刚形成的海冰有的像针一样，有的像薄片一样，这时还不会对船只造成危害。但是随着时间的推移，海冰会逐渐变成糊状或海绵状，漂浮在海面上。当海面上布满这种冰后，冰层的厚度就会增加，形成覆盖海面的冰层。

◆ 海冰的破坏力有多大

海冰能产生巨大的破坏力，这种破坏力是由海冰的推力、胀压力和竖向力共同组成的。

海冰的推力是由风的推动和海水的流动产生的，推力大小与冰块的大小和海水流动的速度都有密切的关系。根据1971年我国渤海湾平台上相关检测设施观测结果计算，一块面积为6平方千米、高1.5米的大冰块，在水流速度不大的情况下，其推力可以达到4000吨，完全具备推倒石油平台等大型海上工程建筑物的力量。

海冰的胀压力是由海冰的温度决定的。经计算，当海冰的温

度降低1.5℃时，1000米长的海冰就能膨胀出0.45米，这种胀压力足可以使困在冰中的船只变形。

海冰的竖向力是受潮汐升降引起的，它会对建筑物的基础造成破坏。

一块面积巨大的海冰，在以上三种力的作用下，把巨型游轮"泰坦尼克"号撞翻也就不足为奇了。

◆ **人类对海冰束手无策吗**

答案当然是否定的。目前我们能想到的方法有以下几个。

第一，在海冰上倾撒煤灰，利用其吸收日光热量来融化海冰；第二，使用炸药，在海冰上炸出一条航路；第三，使用燃料，加热融化海冰。

小院士探索

天然冰库南极洲

你知道吗？南极洲是世界上最大的天然冰库，南极洲的冰雪量占全球冰雪总量的90%以上。南大洋上的海冰是多年形成的。在冬天的时候，大块的海冰能覆盖南大洋的1/3。出现在南半球水域里的冰山，高几百米，而长宽往往有几百千米，就像一座冰岛一样。

为什么海水会时涨时落

小院士求知

◆ 受月亮"指挥"的潮汐

海水的涨落是有周期性的，这种周而复始、循环往复的变化早在古代就已经被人熟知，古人还给这种现象起了个好听的名字，叫"潮汐"，白天的称为"潮"，而晚上的称为"汐"，合称"潮汐"。

潮汐现象是海水在月球和太阳的引力作用下的周期性运动，它的发生和我国的传统农历相对应。一般情况下，每月的农历初一和十五左右，会有大潮；而在农历初八和二十三左右会有小潮。这是因为农历初一的时候，太阳和月亮在地球的一侧，引力最大，而在农历十五左右，太阳和月亮分别在地球的两

小院士的发现

去过海边玩的人都知道，到了某一特定的时间，海水就会突然上涨，淹没沙滩上的沙堡，有时甚至能把一些海拔较低的小岛淹没。但过一段时间，上涨的海水却又退了下去。海水这种时涨时落的现象到底是怎么形成的呢？

侧，两种引力的相互作用使得引力增大，所以这两天会发生"大潮"。在农历初八和二十三时，也就是在出现上弦月和下弦月的时候，太阳和月亮的引力会互相抵消掉一部分，所以发生"小潮"。潮汐并不是海水增减引发的，这在古代就已经被人们认识到了。我国古代学者余道安在他写的《海潮图序》中有关的八分算潮法就是其中的一例。

高潮时间 =0.8小时 × 【农历日期 −1（或16）】＋ 高潮间隙

通过上面的公式就可以算出一天中的一个高潮，如果是半日潮海区，将其数值加或减12时25分，就可以算出另一个高潮时刻。如果将其数值加或减6时12分就可以算出低潮出现的时刻。

若有兴趣，不妨自己动手算一下，看看你算得是否准确。

小院士探索

人类对潮汐的利用

随着现代科技的不断发展，我们对潮汐的认识不断加深，科学家逐渐开始利用潮汐的能量为人类服务。潮汐的潮量和潮差越大，所产生的潮汐能也就越大。一般情况下，潮差在3米以上的潮汐才有应用价值。

只有在出现大潮、能量集中时，而且在适于建造潮汐电站的地方，才能从潮汐中提取能量，虽然条件比较严格，但是各国都选定了不少适宜开发潮汐能的站址。据估算，全世界潮汐能的理论蕴藏量约为 3×10^9 千瓦，但是实际上可以利用的却要少得多。

世界海岛知多少

小院士求知

◆ **全世界海岛的数量**

要问全世界究竟有多少海岛，有的人说是20万左右，也有的人反驳说是10万左右。实际上，海岛的具体数量很难准确统计。因为这要看你用什么方法去计算、用什么标准去测量。方法和标准不同，得出的海岛数量也就不同了。

比如说在海洋里，有时会看到某些海面上露出几平方米的礁石，有些人就将这些礁石也算作一个个小小的海岛，甚至连在涨潮的时候会被海水吞没，退潮的时候才能显露出来的礁石也算进去，这样得出的海岛数量就会非常多。

小院士的发现

如果有人问这世界上有多少个海岛，恐怕大多数人都答不出来。有一位老航海家曾经说："海洋里的岛屿，像天上的星星，谁也数不清。"从他的这句话中，可以看出世界上岛屿的数量是多么的庞大了。

那么，全世界的海洋里到底有多少海岛呢，真的像天上的星星那样数也数不清吗？

大家若是翻翻世界各国出版的地图册，就会发现大部分书中都认为世界上海岛的数量有 10 万个左右。可是，世界各国统计的方法、标准都不一样。有的国家把 10 平方米，也就是只有一间小房间大小的礁石就算作海岛；有的国家把 1 平方千米，也就是相当于一座庄园大小的海上陆地才算作海岛。由于算法不同，尽管各国都称世界海岛数量有 10 万个左右，但各国算出的具体数字还是不一样。也就是说现在如果有人提出关于海岛数量的问题，人们也只能用大约 10 万个这样一个模糊的数字来回答。

值得一提的是，世界岛屿的面积共约 977 万平方千米，占陆地总面积的十五分之一。

◆ **海岛的诞生与消亡**

海岛也会诞生和消亡吗？没错。一座海底火山的突然爆发就有可能使得小岛"诞生"。海底火山爆发后，火山灰堆积到一定规模就会构成一座甚至几座小岛。不只如此，经过常年风沙的堆积、动植物的生长，日久天长小岛还有可能"长大"呢！另外，某个地方的海平面下降，也有可能从海水中"露"出个小岛来。

此外，海岛也有可能会消失。比如说气候变暖，很多主要由冰川构成的小岛就会融化成海水；海平面的上升也会淹没很多海拔低的海岛。

所以说，海岛的数量并不是固定的，而是随时在变化。只有确定一个统一的计算标准，再加上常年不断地观测才能大致得出全世界海岛的数量。

小院士探索

千岛之国

要说世界上拥有海岛数量最多的国家，那就非印度尼西亚莫属了。人们都称印度尼西亚为"千岛之国"。实际上它的一个县就有一千多个岛呢！而全国更多，总共有 13667 个海岛。所以，要说它是"万岛之国"真是一点儿也不夸张！

海平面是平的吗

小院士求知

◆ **海平面和海面**

首先要告诉大家的是，海平面与海面并不完全相同！海面当然就是我们平常所看到的大海的表面。而海平面呢，其实就是在某一时刻，把像波浪这样的干扰因素忽略掉，海洋所能保持的水平面。换句话说，海平面大致就等同于无风无浪时的海面。海平面的数值通常就是指大海的平均高度。

◆ **海平面并不平**

我们已经知道了平常的海面和海平面不是一回事了。由此大家可能想当然地认为，既然海平面可以忽略风浪这些

小院士的发现

海平面是不是平的呢？也许有人会说："既然叫'海平面'，当然就是平的喽！"还有人会反问："大海瞬息万变，一个风浪起来就是几米高，怎么会是平的呢？"

我们假设大海是无风无浪的，这时海平面也是平的吗？

外界的因素，那么肯定是平的。平时我们观察脸盆里的水面，像镜子一般平滑，既然海洋也是由水构成的，那一定也是一样平的。如果你这样想的话就大错特错了！海平面并不如我们所想的那样平，和陆地一样，海平面是凹凸不平的。在不同的海域，海平面的数值是有差异的，有的相差几米、十几米。

◆ **为什么海平面不是平的**

除去气候等因素，海平面不平还和海底复杂的地形有关。我们都知道海底也有山脉、平原和深沟，这些地形会影响到海平面

的高低。比如说，如果某个地区的海底是一座山脉，那么这里的海平面就会比其他地方的高，相反如果海底是一座盆地，那么这里的海平面就会比其他的地方低了。此外，某些巨大山脉的物质积聚也会影响海平面的高低，这种物质积聚会使它表面的引力弯曲，弯曲的引力会驱使海水流动，造成海平面高低不同。

既然海平面不是平的，为什么我们却看不出来呢？那是因为海平面的凹凸变化是逐渐的、不明显的，基本在1000千米以上的范围才能体现出来。也就是说，也许我们坐了很多天的船，海平面比起出发时却只有大约一个玻璃杯底的高度差，我们自然不会感觉到这种微小的变化。这也就是为什么卫星探测出的坑坑洼洼的海平面，在我们眼中却是一望无际的平坦啦！

小院士探索

"桑田"变"沧海"

最近，海平面逐年上升的现象引起了人们的重视，大家不禁会问：同一海域的海平面也会变化吗？答案是肯定的，同一海域的海平面每年、每个月甚至每天都可能有所变化，影响海平面高低变化的因素很多，气候变暖造成冰山融化就是其中之一。近年来，随着冰山融水汇入大海，海平面急剧上升，以至于很多陆地被海洋淹没，人们都说沧海会变成桑田，现在是"桑田"变成了"沧海"！

小岛也会旅行吗

小院士求知

◆ 喜欢旅行的塞布尔岛

在加拿大东南方向的大西洋上，有一个叫塞布尔的调皮小岛。它的"脾气"非常古怪，不像其他小岛那样安静地待在原处，而是喜欢到处"旅行"。近200年来，这座月牙形的漂亮小岛一直在海上走走停停，竟然已经"旅行"了20千米！虽然平均每年它只移动100米，对于我们人类来说不过是步行不到一分钟的路程，但是对于这个面积80平方千米的庞然大物来说，这已经是很快的速度了。如果为小岛们举办一场奥运会的话，估计它会是田径赛场的佼佼者吧！

小院士的发现

如果听到有人说小岛会移动，你可能会以为他在吹牛。小岛怎么可能会移动呢？你看我们的宝岛台湾，还有物产丰富的海南岛，几千年来不都是静静地待在原处吗？

但是，有些调皮的小岛确实喜欢"离家出走"，到处旅行。不信？我们就来举个例子吧！

不过，小岛又没有脚，它为什么会移动呢？就塞布尔岛来说，是因为海风作用。据说每当海上刮起大风时，这座小岛就会像帆船一样在海风的动力下进行一段短暂的"旅程"。据推测，塞布尔岛之所以能被海风"吹跑"，也是因为它本身是由沙质沉积物堆积成的。"塞布尔"在法语里是"沙"的意思，塞布尔岛也确确实实是一座"沙岛"，一座可以随风旅行的"沙岛"。

◆ **大西洋墓地**

塞布尔岛的"旅行"看似惬意，却害苦了在它附近航行的人们。因为这个任性的小岛经常变换位置，使人们摸不清它的具体方位，岛的附近又有大片的流沙和浅滩，使得路过的船只经常在这小岛

附近沉没，至今已有500多艘船在此遇难，先后有5000多人丧生！这座危险而又神秘的小岛令人们闻之变色，因此，它便有了像"大西洋墓地""死神岛""毁船的屠刀""魔影的鬼岛"这类称呼。令人头疼的是，这个随性的旅行小岛恰恰处于欧洲通往美国和加拿大的重要航线附近，对两地之间的航行造成了很大的不便。所幸聪明的人们建造了两座灯塔和一所巡逻站，时刻对过往的船只提醒着小岛的方位，这才使事故大大减少了。

小院士探索

神秘的布维岛

其实在南极海域，也有一个同样喜欢旅行的小岛，它的名字叫作布维岛。虽然同样是"旅行爱好者"，但布维岛是自动行走的，与塞布尔岛借助海风才能行动不同。尽管没有外力推动，仅仅凭借自己的力量，布维岛竟然在100多年间移动了25千米！究竟它是怎样"自动行走"的呢？有人猜测是由于地壳运动，但至今这还是个谜。

海和洋有区别吗

小院士求知

◆ 海和洋的含义

其实,海洋、海、洋都有不同的含义。

海洋,是指地球上所有面积广大而且是连续的咸水区域的总称。海洋的面积占地球总面积的71%,远远大于陆地的面积,所以也有人说地球更应该叫作"水球"。

洋指的是海洋的中心主体部分,而海则是附属的部分。它们之间相互连通,共同形成整体的海洋。

◆ 海和洋的区别

海和洋一般是由半岛、岛屿、群岛作为边界加以区分的。除此之外,它们之间还有四个明显的区别。

第一,面积不同。洋比海的面积要大很多。大洋的面积占海洋总面积的89%,而海的面积只占海洋总面积的11%。

小院士的发现

很多爱动脑筋的人都产生过这样的疑问:海和洋有什么区别呢?为什么太平洋被称为"洋",而不叫作"太平海"?北冰洋可不可以叫"北冰海"?红海、黑海、黄海能不能被称作"红洋"、"黑洋"和"黄洋"?

第二，深度不同。大洋的平均水深一般都在 3000 米以上，而海就相对比较浅，平均水深一般只在 2000 米以下，有的海甚至只有几十米深。

第三，距离大陆的远近不同。很明显，大洋一般远离大陆，而海则是靠近大陆的部分，它的内侧是大陆，外侧是大洋。

因为距离大陆远近不一样，受到大陆的影响自然也就不同。大洋因为距离大陆远，所以受到的影响就会比较小，甚至不会受到大陆的影响。大洋底下的地形以海盆、岭脊为主。大洋中水的盐度一般稳定在 1000 克水溶解的盐类是 35 克左右，很少有变化。

而大海则受到大陆较多的影响。海底的地形主要是陆架、陆坡。因为距离大陆近，温度和盐度有很明显的季节变化，而且盐度也比大洋的要低一些。

第四，洋流和潮汐系统。大洋中有独立的洋流和潮汐系统，而大海则受洋流和潮汐的支配。

除此之外，用我们的肉眼也可以分辨出来，因为大洋水色清而且透明度高，而海水的透明度较低。

小院士探索

地球上有多少个"海"

1967年，在联合国教科文组织颁布的《国际海洋学资料交换手册》中，规定了将地球海域分为四大洋的方案：太平洋、大西洋、印度洋和北冰洋。据国际水道测量局统计，世界海洋中有54个海，其中不少为海中之海，如地中海本身就包含7个海，包括利古利亚海、第勒尼安海、亚得里亚海、伊奥尼亚海、爱琴海等。

红海是怎样得名的

小院士求知

◆ 红色的海藻

红海地区的气候炎热干燥，海水蒸发强烈，这使得红海的海水含盐量大，水温高。这样的环境非常适合海生植物如蓝绿藻类的成长和繁殖。但是，蓝绿藻类的颜色并非蓝绿色，而是红色。所以，海水自然就成了红色的了。

另外，关于红海的水呈现红色，还有许多不同的说法。一种认为，红海里有许多色泽鲜艳的贝壳，这些贝壳使红海的水呈现出

小院士的发现

在电视播放的风光片中，常常能看到红海的身影：清澈的海水中，生长着五颜六色的珊瑚和稀有的海洋生物，这些奇幻美丽的自然景观和宜人的海洋性气候让游人感觉身处人间天堂，流连忘返。

可是，在赞叹的同时，也许你会产生一个疑问，红海为什么被称为"红海"呢？

红色；还有一种说法认为，红海近岸的浅海地带有大量黄中带红的珊瑚沙，这些珊瑚沙使海水呈现出了红色。

◆ 红色的岩石

也有人认为，红海的得名源于两岸岩石的色泽。在数千年前，由于交通工具和技术条件的制约，人们只能驾船在近岸航行。那时，人们发现红海两岸很多地方都是绵延不断的红黄色岩壁，这些红黄色岩壁将太阳光反射到海上，使海上也红光闪烁，从而形成了美丽奇特的景色，红海因此而得名。

◆ 大漠沙尘

还有人认为，红海的得名源于当地的气候。来自非洲撒哈拉大沙漠的红色沙尘暴经常侵袭红海上空，送来一股股炎热的气流和红黄色尘雾。当狂风卷起一阵阵红色沙尘，散布在红海上空时，天空便被染成一片红色，所以这个海就被称为红海。

◆ 民族传统

民族传统是最古老也是最简单的一种起名方式。有研究者认为，古代西亚的许多民族用黑色表示北方，用红色表示南方，红海就是"南方的海"，并没有其他的特别意义。

小院士探索

世界上盐度最高的海

红海的盐度为 3.6% ~ 3.8%，是世界上盐度最高的海域。红海含盐量高的主要原因，是这里地处亚热带、热带，气温高，海水蒸发量大，而且降水较少，两岸也没有大河流入，而通往大洋的水路也不是很通畅，所以大洋里稍淡的海水也难以进来。科学家还在海底深处发现了好几处大面积的"热洞"。大量岩浆沿着地壳的裂隙涌到海底，岩浆加热了周围的岩石和海水，出现了深层海水的水温比表层还高的奇特现象，热气腾腾的深层海水泛到海面，加速了海水的蒸发，使得海水的含盐量越来越高。

在大海里可以"种"燃料吗

小院士求知

◆ **在海中种植燃料**

美国科学家威尔博士在他的一份计划中写道："我们可以培养能够成为燃料的海生植物，并最终达到大规模生产的目标。"也就是说，他认为人类可以在广阔的海洋中种植"燃料"。

什么海洋植物最适合成为"燃料植物"呢？人们的搜寻目标最先锁定了海藻。因为人们在知道了它的诸多用途之后，又惊奇地发现它还是可

小院士的发现

翻开每天的报纸，总会看到能源危机、燃油涨价这样的消息。显然，能源问题已经成为困扰大家的一个问题。

看着不断高涨的油价，很多人都在想，难道我们真的找不到一种取之不尽的燃料吗？现在，科学家发现在海洋中有可能实现这一愿望。

以代替天然气的潜在能源。这引起了海洋科学家的兴趣。

研究发现，海藻具有很高的工业价值，人们不但可以从中提取用于制造碘、钾、褐藻胶、甘露醇等多种产品的原料，而且还可以将它作为一种新的生物能源为我们所用。

◆ **海洋能源种植场**

为了开发这种丰富的海洋资源，威尔博士和他的合伙人在离太平洋沿岸城市圣地亚哥大约 96 千米的地方建立了一个水下种植场，在 12 米深的海水中，人工移植了一种巨型褐藻。这种海藻含有丰富的有机物质，借助细菌就可以很容易地把这些有机物质变成可燃气体——甲烷，还可以采用简单的加热办法把它们变成"类

石油"产品。

根据科学的测算，一个面积为432平方米的水下种植场，能够满足一个五万人口的小城市的全部用油。一个750平方千米的大型海藻种植场所提供的甲烷，和美国目前所需的天然气用量相当。所以，美国能源部与太阳能研究所也在扩大实验，培养这种单细胞的海藻，用来直接炼制汽车用的汽油与柴油。

小院士探索

惊人的生长速度

巨藻是海藻中最大的一种，也是海洋中生长速度最快的植物，它惊人的生长速度是其他生物望尘莫及的。在春夏季节水温适宜时，它每天可长高30～40厘米，甚至超过50厘米。生长最快时，每隔16～20天，面积就增大一倍；每隔20～30天，长度就增长一倍。一般海藻的长度为100米，有的可达300～400米，最长的有500米以上，它们很快就可连接成片，形成一片海底森林，面积可达数百平方千米。因此，巨藻也被称为"海藻之王"。

陆地和海洋是什么关系

小院士求知

◆ 大陆漂移学说

这个学说是 1910 年由德国的地球物理学家魏格纳提出的。该学说的提出十分"偶然"。说它偶然，是因为它的最初想法产生于魏格纳在阅读世界地图时的好奇心。魏格纳在看世界地图时，忽然觉得大西洋东西海岸的形状十分相似，于是他用剪刀把地图剪下来，再拼接起来，发现它们竟然可以形成一块完整的大陆。这是单纯的巧合吗？魏格纳后来又发现大西洋两边的大陆有着相同的地质年代和古

小院士的发现

关于海洋，我们有着太多的疑问。海洋是怎么形成的？陆地和海洋有什么关系？这些问题一直困扰着我们，虽然科技不断进步，对海洋的探索一直没有中断，但是至今为止仍然没有一个准确的答案。

有人说海洋是海底不断扩张的结果，还有人说海洋的形成与陆地板块的漂移有关。那么到底哪个说法才正确呢？

生物化石，在地层和地质构造等方面也有相似之处。这显然并不是巧合。经过反复的研究，魏格纳提出地球上所有的陆地原来是连在一起的一个整体，后来陆地分裂并漂移，最终变成了现在的样子。这个学说现在已经成为大洋形成最有说服力的一种学说。

◆ 海底扩张说

1961年，美国的科学家赫斯和迪兹最先提出了"海底扩张说"。他们认为，海底的地壳在不断发展，地幔里的物质会从洋脊上的裂谷里涌出，并且填充在大洋中脊的断裂处形成新的海底。新生成的海底会把以前的海底挤向两边，被挤到海沟里时就会沉到地幔中。根据科学家计算，海底扩张的速度每年都有几厘米，最快的甚至可达到16厘米。这样海底就会一直不停地进行更新换代。目前这一学说已经被深海钻探资料所证实。

◆ **板块构造说**

1968年，法国学者勒比雄认为，全球的岩石圈不是一个整体，而是被分割成一些不连续的块体，称为板块。勒比雄将全球分为亚欧板块、美洲板块、非洲板块、太平洋板块、澳洲板块（印度洋板块）和南极洲板块六大板块。他认为，地壳上的活动是这些板块相互作用引起的，在板块交接的地方地壳活动就很频繁，常会发生地震和火山爆发等现象。这些板块不断地进行着相对的水平运动，大洋板块会向大陆板块运动，在地幔的相对运动中，大陆会发生"漂移"。经过很久的时间后，就形成了现在的海陆分布的状况。

这些学说虽然都有一定的道理，但是并不能解释所有的疑问。关于海洋还有太多的秘密等待我们去探究。

小院士探索

原始海洋的秘密

经过现代的科学研究证明，原始海洋中的海水并不是咸的，而是酸性的。海洋中的水分不断蒸发，形成雨水落回地面，并且把陆地和海底岩石中的盐分溶解，再汇集到海水之中，经过上亿年的积累，才变成现在这种咸咸的海水。

由于上亿年前的大气中没有臭氧层可以阻挡紫外线，只有海水可以阻挡紫外线，因此地球上的生物最早出现在海里。现在有的科学家认为，人类最早就起源于海洋。

为什么在海里要用到声呐

小院士求知

◆ 电磁波和声波

因为海洋中作为能量传播介质的海水是一种导电体,所以雷达的电磁波在水中衰减很快,而且波长越短,损失越大。即使用大功率的低频电磁波,也只能传播几十米,大部分能量都会被海水吸收掉,所以其传播距离受到严格的限制。

相对来说,声波在水中传播的衰减就小得多,拿相同能量的声波和电磁波比,声波能量的吸收衰减低于电磁波的千分之一。也就是说,电磁波走1千米就消失,而声波却能走1000千米。实验

小院士的发现

雷达是一种非常出色的探测工具,它的优点是白天黑夜均能探测远距离的目标,且不受雾、云和雨的阻挡,具有全天候的特点,并有一定的穿透能力。因此,雷达不仅成为军事上必不可少的电子装备,而且广泛应用于社会经济生活和科学研究中。可是,你知道吗,在海洋中,一般用声呐作为探测工具而不是雷达。这是为什么呢?

表明，在深海中引爆一个几千克的炸弹，在两万千米外还可以收到信号，低频的声波还可以穿透海底几千米的地层，并且得到地层中的信息。所以，声波是海洋中信息传播的较理想形式，至今还没有发现比声波更有效的手段。

这也是人们弃雷达而选声呐的缘故。因为雷达虽然好，可它是用电磁波探测目标的，所以在海中很难发挥它的作用。而声呐用声波探测目标，在海中正是如鱼得水。

◆ 为战争而生的声呐

真正的声呐技术诞生在第一次世界大战期间，被用来侦测潜藏在水底的潜水艇。当时，德国采取无限制潜艇政策，使英国受到了沉重的打击。为了防潜反潜，法国物理学家郎之万研究了水下超声波的反射，创立了超声学和水声学。到了第二次世界大战时，随着电子技术的发展以及超声学、水声学研究的不断深入，人们利用压电陶瓷制成了声呐。那时，几乎所有的舰船都装有声呐，在战争中发挥了重要的作用。

如今，大半个世纪过去了，声呐技术也有了进一步的发展，在海洋开发的各个方面都起着重要的作用。

小院士探索

主动声呐和被动声呐

主动声呐是一种有源声呐，它通过自己向海洋发出的声波信号和目标反射回波，经处理达到测距定位的目的，广泛应用于海洋目标的探测、定位导航等方面。

被动声呐本身不发射声信号，只处于被动接收状态，所以也叫无源声呐，它主要用于检测目标所辐射的声信号，如潜艇噪声、鱼群噪声等。被动声呐主要由接收换能器基阵、接收机和终端装置组成：接收换能器基阵将声信号变换为电信号，再由接收机进行放大处理，终端装置用于显示、存储被删信号并供操作人员监听分辨。

海中的矿藏比陆地还多吗

小院士求知

◆ 偶然的发现

1873年2月18日，正在做全球海洋考察的英国调查船"挑战者"号在非洲西北加那利群岛的外洋海底采上来些土豆大小的深褐色物体。人们都很奇怪这到底是什么玩意儿，剖开来看，这种团块是以岩石碎屑及动植物残骸的细小颗粒等为核心，呈同心圆一层一层长成的，后来经过分析检验才发现，团块的外层有锰、铁、镍、铜、钴

小院士的发现

看过《西游记》的人都会记得孙悟空大闹龙宫，最后取得东海"镇海之宝"——金箍棒的这段情节。虽然我们现在知道，这只不过是一个美丽的神话，但还是忍不住要想，陆地上的金属矿总是特别短缺，那么广袤的大海中，是不是也有像东海龙宫一样储藏了无数珍宝的矿藏可以让我们利用呢？

等多种金属的化合物，其中最多的是氧化锰。由此，这种团块被命名为"锰结核"，现代人又称它为多金属团块。

不过，由于当时陆地上锰等矿藏资源非常丰富，所以没有人对这些东西感兴趣。近几十年来，随着冶金工业的迅速发展，陆地上的资源日渐紧缺。于是，人们才把注意力转向海洋，海底锰结核的开发和利用也终于被提上日程。

◆ 惊人的矿藏

经过仔细研究之后，人们发现，锰结核的金属含量非常惊人。在有的锰结核中，锰的含量可以达到55%。而除锰以外，锰结核中还含有铁、镍、铜、钴、钛等20多种金属元素，含量都很高，可以广泛应用于社会生活的各个方面。如金属锰可用于制造锰钢，锰钢极为坚硬，能抗冲击、耐磨损，可用于制造坦克、钢轨、船舶等。

锰结核所含的铁是炼钢的主要原料；所含的金属镍可用来制造不锈钢；所含的金属钴可用来制造特种钢；所含的金属铜可用于制造电线；所含的金属钛强度高、硬度大、密度小，是优质的"空间金属"，可广泛应用于航空航天工业。

仅就太平洋底的储量来看，这种锰结核中含锰4000亿吨、镍164亿吨、铜88亿吨、钴98亿吨。如果按照目前世界金属消耗水平计算，铜可供应600年，镍可供应15000年，锰可供应24000年，钴可满足人类130000年的需要。

所以，海洋中的金属资源比陆地上的要多得多，有陆地上金属总储量的几百倍甚至上千倍！

小院士探索

可以像植物一样生长的矿物

锰结核不仅储量巨大，而且还能够像植物一样不断生长，锰结核的生长速度因时因地而异，平均每千年长1毫米，可不要小看了这1毫米。以此计算，全球锰结核每年可增长1000万吨呢！所以，就算称它为"取之不尽、用之不竭"的可再生多金属矿物宝藏，也一点都不过分哦！

为什么说海洋是地球的"肺"

小院士求知

◆ **巨大的氧气工厂**

其实，和森林一样，海洋也可以进行光合作用，为我们制造氧气。只是海洋的"树木"都藏在海水里面，很少被我们注意到。

我们知道，在海洋中有大量的浮游植物，这些浮游植物中的藻类都含有陆生植物那样的叶绿素，因此能吸收太阳光，也能进行二氧化碳的合成，即进行光合作用，把无机物合成为复杂的有机物，从而获得自身发展所需的营养。在这个过

小院士的发现

我们知道，森林通过绿色植物的光合作用，吸收大量的二氧化碳并放出氧气，维系着大气中二氧化碳和氧气的平衡。所以，生物学家称森林是"地球之肺"。而你知道吗，海洋也被称为地球的"肺脏"。难道海洋也像森林那样，可以给我们制造新鲜的空气吗？

程中，它们就会源源不断地制造氧气。

　　海洋中的浮游植物约占全部海洋植物的99%，它们通过光合作用，每年可为地球贡献360亿吨的氧气，约占地球上氧气总生产量的70%呢。所以，在氧气的制造上，海洋比森林的贡献还大呢！

◆ **优质空气净化器**

　　人们常说，海洋有净化空气的作用，但是却一直不太清楚它是怎么净化的。直到最近，科学家才通过研究发现，海洋上空的云承担着净化空气的作用，它们是通过吸收来自海洋中的含盐飞沫来净化空气的。

　　通常在陆地上，空气污染颗粒往往会抑制降雨。这是因为在被污染的云层中，水滴不能增加到足够大，不能形成降雨。

但是，海洋上空的情况则刚好相反。这是因为含有海洋盐的颗粒要比从生物燃烧、城市大气污染和沙尘产生的污染颗粒的体积大得多。较大的海洋盐颗粒能吸引小水滴，小水滴里面包裹着污染颗粒，这样就可以产生足够大的水滴，并最终形成雨水，降落到海上，顺便把空气中的脏东西也带走了。

海洋对于地球环境的变化起着巨大的调节作用。它吸收了大气中剩余的二氧化碳，为人类调节温度和湿度。同时，海水还起着调节和储存地球上的热能、清洁地球废物、分解有害物等作用。所以，称海洋为地球的"肺脏"再恰当不过了！

小院士探索

太平洋上的垃圾岛

1997年，海洋学家查尔斯·摩尔驾船穿过北太平洋环流系统时，发现了一座垃圾岛。那里有大量的塑料瓶盖、塑料袋、高频绝缘材料和微小的塑料芯片，阳光和海浪正在慢慢分解它们，使它们变成小碎片。

科学家现在已确定了这座超级垃圾堆的形成原因，那些被废弃的空塑料袋通过下水道进入了海洋，而不断运动的洋流又把它们聚集到了一起，并最终形成了我们今天看到的垃圾岛，垃圾岛极大地污染了海洋环境，许多鱼类和鸟类因为误食垃圾而凄惨死去。

海水中能提炼出金子吗

小院士求知

◆ 战争带来的需求

第一次世界大战结束后，德国元气大伤，这次战争几乎耗尽了全国所有的物资，整个国家生产能力萎缩、通货膨胀严重，几百万人失业，人民生活在水深火热之中。在这种情况下，德国政府还要支付协约国5万吨黄金的战争赔款，这无疑是雪上加霜。

就在非常沮丧、一筹莫展的时候，有个人站出来，大声疾呼："同胞们，不用为国债担忧，让我们用海水提炼黄金来还债吧！"这个人是谁？他真的从海水中提炼出黄

小院士的发现

还记得好莱坞电影《加勒比海盗》中堆满宝藏的小岛吗？如果我们能够在海洋中发现这样的"金银岛"或藏宝洞，那该是多么令人兴奋的事情啊！无论古代还是现代，金子一直都被认为是财富的象征，广袤的大海有很多我们未知的秘密，它里面有没有可能藏着丰富的金矿，可供我们使用呢？

金了吗？

◆ 向海水要金子

希望从海水中提炼黄金的这个人名叫哈柏，是一位世界级的化学家。他认为大海里含有550万吨黄金，只要能提取其中的1/10，就有55万吨。于是，他向德国政府打报告，申请制定了详细的实验方案。德国政府病急乱投医，同意了他的方案，并拨出经费供他研究，还派了一艘名叫"流星"号的海洋调查船供他使用。

在这么多有利条件的支持下，哈柏开始大胆实施自己的计划。

他把"流星"号改建成一艘用于海水提金的活动工厂，不断从大西洋海中把金属提取出来。经过 7 年的努力，哈柏做了成千上万次实验，试验了各种各样的方法。

可是，由于海水中黄金的浓度太低，每吨海水含金量不超过 0.000006 克，尽管处理了一吨又一吨的海水，得到的黄金却少得可怜，根本没有多少商业价值。于是，1928 年，哈柏面对茫茫大海，不得不承认自己的失败，彻底放弃了从海水中提炼黄金的梦想。

小院士探索

海水中的黄金储量到底有多少

虽然哈柏的黄金梦破灭了，可是，人们并没有放弃从海水中提炼黄金的梦想，因为海水中的这笔财富太诱人了。

据统计，目前世界上已有 50 个以上的海水提金专利，但是由于缺乏实用价值，还没有一个人购买。不过，我们完全可以相信，世上没有什么事是完全不可能的，在不久的将来，人类说不定真能"点水成金"呢！

海底为什么会出现"火光"

小院士求知

◆ 巨大的海洋动物

为了解开"鬼火"之谜，美国康内狄格大学的一支考古队来到圣拉法埃尔岛开始了实地考察。这支考古队在年轻的考古学教授罗尼·斯图尔特率领下，在这一带海区搜寻，企图在破解这些谜的同时，寻找到英国海盗摩根不幸遇难后丢失在海底的巨大宝藏。结果，宝藏没有找到，却意外地发现了另一座"宝库"：这是一座全加勒比海乃至全世界最美丽的海洋动物园！

小院士的发现

在加勒比海上，有一个名叫圣拉法埃尔的小小的球状珊瑚岛。每当夜幕降临，在离这个小岛不远的海面上，不时闪烁着忽明忽暗的"鬼火"，并传来一种奇怪的声音。据岛上居民们说，"鬼火"是大海盗摩根丢在海底的宝藏发射出来的，而那阴森森的声音，正是这个财宝的主人为恫吓企图前来寻宝的人而发出的吼声。事实真是如此吗？

原来，那所谓的"鬼火"是海底茂密的珊瑚树丛发出的光芒。透过明亮的海水，可以清楚地看到那些五彩缤纷、秀美奇丽的珊瑚树，它们互相交错，形成了一张细密的天然过滤网。当海水向前推进时，受到由珊瑚组成的屏障的过滤，数不清的海洋微生物便留在珊瑚树上，它们在这舒适的温床上飞快地繁殖。随着珊瑚树丛对海水的不断过滤，这些微生物越积越多，形成了一个巨大的海下微生物乐园。

◆ **缤纷多彩的生物群**

这里的海底还有很多奇特的洞穴，这些洞是海水在珊瑚礁间冲击形成的。每个洞穴的四壁都被许多红色、绿色和黄色的海绵、海星等生物装饰着，最引人注目的还是一簇簇五颜六色、多姿多彩的"秋牡丹花"海葵，把海底装饰得格外美丽。

如今，神秘的海底花园虽然已不再神秘，但它那奇异瑰丽的景致却使这里闻名遐迩，成了著名的旅游胜地。

小院士探索

珊瑚礁是怎样形成的

珊瑚礁是造礁珊瑚群体死亡后，由其遗骸构成的岩体，珊瑚礁的主体是珊瑚虫，珊瑚虫是海洋中的一种腔肠动物，它在生长过程中会吸收海水中的钙和二氧化碳，然后分泌出石灰石，变成自己的外壳，每一个单体的珊瑚虫只有米粒那样大，它们聚集在一起，一代代地生长繁衍，不断分泌出石灰石并黏合在一起，这些石灰石经过压实和石化，最终就形成了岛屿和礁石，这也就是我们所说的珊瑚礁。

世界上著名的珊瑚礁有澳大利亚的大堡礁、中美洲洪都拉斯的罗阿坦堡礁等，埃及红海海岸的珊瑚礁也是非常有名的。

极地病毒会带来大灾难吗

小院士求知

◆ 被冰封的恐怖病毒

众所周知，由于温室效应，地球的气温正在不断上升，两极的冰川融化速度也在加快。人类以前只是担心海平面上升会淹没更多的陆地，但海洋和气候学家最近的研究表明，冰川融化会释放出许多被冻结的病毒。

这可不是杞人忧天！因为在漫长的地质史上，地球上温暖的季风不知疲倦地把热带和温带的海水送往遥远的极地。无数的矿物质、数不清的浮游生物、各种各

小院士的发现

一直以来，人们都在讨论全球变暖的问题，担心冰川的融化会造成海平面的上升，从而淹没大块的陆地。可是，除此之外，全球变暖还会带来别的危险，比如，冰川的融化有可能会释放出很多古老的病毒。冰川里为什么会有病毒呢？它们到底会对人类有多大的威胁呢？

样的动物尸体，都被深深冻结在南极和北极渺无边际的冰川里。而与此同时，依附于这些物质上的许多曾经肆虐的病毒，也被一同冻结在厚实的冰层中，而这些病毒早就从大陆上销声匿迹了。

◆ 千年之后仍然可以复活

研究者发现，这些古老冰层中隐藏的病毒种类相当繁杂，如各种怪异的流感病毒、骨髓灰质病毒、天花病毒等，另外，还有众多至今尚未探明的病毒。在极地，寒冷的气候具备良好的低温冷藏效果，因此，这些病毒即使历经几十年、几万年仍然可能保持着生命力。这一点已经得到了科学家的证实。当研究冰层物质的科学家从冰川和冰原深处取出大约1.3万年前的冰层样品时，

令人震惊的事发生了：那些古老的冰芯中竟然释放出一种能够攻击植物的细菌病毒。这表明一旦周围条件许可，这些病毒和细菌就会"复活"，并迅速传播开来，引发大规模的疾病和灾难。

也许有人会说，这些病毒已经在冰底埋藏了很长时间，它们的生命力和传染性不会像从前那样强烈，所以也没有那么危险了。可是，科学家却一点也不敢掉以轻心。因为从理论上讲，谁也不能武断地说，这些古老的细菌和病毒会真的"变乖"。而且，人类的自我防御机制，不会预见那些在人类社会中已经消失了几千年的病毒会重新出现，因此针对这些病毒和细菌的抵抗能力就很脆弱。在这种情况下，一旦这些病毒肆虐起来，就非常可能导致疾病大规模流行，给人类带来很大的麻烦。

小院士 探索

什么是病毒

病毒是一种非细胞生命形态，没有自己的代谢机构，所以当病毒离开了宿主细胞，就成了没有任何生命活动、也不能独立繁殖的化学物质，但一旦进入宿主细胞后，它就可以利用细胞中的物质和能量，以及复制、转录和转译的能力，按照它自己的核酸所包含的遗传信息产生和它一样的新一代病毒。

病毒给人类带来了很多灾难，但也并非一无是处，它在人类生存和进化的过程当中，扮演了不同寻常的角色，人和脊椎动物直接从病毒那里获得了100多种基因，而且人类自身复制DNA的酶系统，也可能来自于病毒。

为什么岛弧和海沟形影不离

小院士求知

◆ 形影不离的"好兄弟"

海沟是海洋中最深的地方,按理说应该在海洋的中央,可事实却并非如此。世界上二十多条水深在 7000 米以上的海沟,几乎都处在大洋的边缘,而且,绝大多数环绕在太平洋周围地带。海沟与大洋边缘的岛弧常常相互配对,相伴相生。如在太平洋西部岛弧的东侧,就与岛弧平行排列着千岛海沟、阿留申海沟、日本

小院士的发现

翻开海洋地图我们常常会发现,在海洋中有许多岛屿是呈弧形分布的,人们称之为岛弧。在太平洋的西部海域,这种岛弧的分布是最多的,比如千岛群岛、阿留申群岛、日本群岛、琉球群岛、菲律宾群岛等。有趣的是,在这些岛弧靠近大洋的一侧,往往都会有很多和岛弧成相互平行状态的深邃而狭长的海沟,而且岛弧上的山峰越高,邻近的海沟也就越深。两个性质完全相反的地理现象却偏偏相伴而生,这是为什么呢?

海沟、琉球海沟、菲律宾海沟等。它们就像好朋友一样陪伴在千岛群岛、阿留申群岛、日本群岛、琉球群岛、菲律宾群岛的旁边，形影不离。

经过大量的研究之后，科学家终于发现了其中的规律。原来，岛弧和海沟的平行并存，主要是大洋地壳和大陆地壳相互碰撞时，大洋地壳倾没于大陆地壳之下的结果。比如，太平洋地壳，密度大而厚度小，所在的位置又比较低，受海底扩张作用的影响，与东亚大陆地壳相碰撞时，太平洋地壳便俯冲入东亚大陆地壳的下面，从而使大洋一侧出现非常深的海沟。与此同时，大陆地壳的不断运动，又使它前面的表层沉积物质相互堆叠到一起，形成了岛弧。因为这两种地壳的相对运动速度较大，所以碰撞

后形成的海沟深度也很大,而岛弧上山峰的高度也大。这样看来,岛弧和海沟是同一种地质运动中形成的不同产物,与其说它们是好朋友,倒不如说它们是"好兄弟"更恰当呢!

◆ **地狱之门**

大洋地壳与大陆地壳的碰撞,不仅形成了岛弧和海沟,还会同时引起地震和火山。所以,岛弧和海沟并存的地区也是世界上地壳活动最活跃的地方。太平洋周围的火山、地震特别多,就是因为海底地壳沿着海沟俯冲引起的。这种碰撞常常会给人类带来巨大的灾难,所以,人们又称海沟为"地狱之门"。

世界上最深的海沟

马里亚纳海沟是世界最深的海沟,它位于菲律宾东北、马里亚纳群岛附近的太平洋底。据估计,这条海沟的形成已有6000万年,是太平洋西部洋底一系列海沟的一部分,它位于亚洲大陆和澳大利亚之间,全长2550千米,为弧形,平均宽70千米,大部分水深在8000米以上,最大水深在斐查兹海渊,为11034米(另一种说法为11033米),是地球的最深点,如果把世界最高的珠穆朗玛峰放在沟底,峰顶都不能露出水面。

潮汐能发电吗

小院士求知

◆ 什么是潮汐能

由于引潮力的作用，海水不断地涨潮、落潮。在涨潮的过程中，汹涌而来的海水具有很大的动能，而随着海水水位的升高，就把海水的巨大动能转化为势能；在落潮的过程中，海水奔腾而去，水位逐渐降低，势能又转化为动能。海水在运动时所具有的动能和势能统称为潮汐能。

潮汐作为一种自然现象，为人类的航海、捕捞等提供了便利，而这种潮汐能还可以转

小院士的发现

说到潮汐，很多人马上想起钱塘江，那是我国著名的观潮胜地，而钱塘潮涌是最著名的景观。潮起时，江水汹涌澎湃，势不可当。其形似万马奔腾，涌起高高的浪峰；其声像万面鼓擂，震天动地。狂猛的潮汐让我们在惊叹不已的同时，也不禁琢磨，有没有什么办法能把这些力量收集起来，转化为可以利用的能量呢？

121

变成电能，给人类带来光明和动力。

◆ 利用潮汐发电

目前，人们对潮汐能最主要的利用方式就是发电。为了充分利用潮汐的力量，世界各国都在极力寻找适宜开发潮汐电站的站址。但这种站址并不是那么好选的，因为它必须得具备两个条件：一是潮汐的幅度必须大，至少要在3米以上；二是海岸地形必须能储蓄大量海水，并可进行土建工程。

潮汐发电的工作原理与一般水力发电的原理是相近的，所有的潮汐型发电厂都是利用海湾、河口等有利地形而建，先筑堤坝，形成水库，以便大量蓄积海水，并在坝中或坝旁建造水利发电厂房，通过水轮发电机组进行发电。只有在地理条件适于建造潮汐电站的地方，从潮汐中提取能量才有可能。

◆ **潮汐发电的三种形式**

第一种是单库单向电站。即只筑一道堤坝和一个水库，涨潮时使海水进入水库，落潮时利用水库与海面的潮差推动水轮发电机组。这种方式的缺点是不能连续发电。

第二种是单库双向电站。这种电站利用水库的特殊设计和水闸的作用，既可涨潮时发电，又可在落潮时运行，只是在水库内外水位相同时才不能发电，大大提高了潮汐能的利用率。我国广东省东莞市的镇口潮汐电站及浙江省温岭市江厦潮汐电站，就是这种电站。

第三种是双库双向电站。它是两个水库相邻而建，一个水库在涨潮时进水，另一个水库在落潮时放水，这样前一个水库的水位总比后一个水库的水位高，因此前者称为上水库，后者称为下水库。水轮发电机组放在两水库之间的隔坝内，两个水库始终保持着水位差，所以可以全天发电。

小院士探索

我国丰富的潮汐能源

我国大陆海岸线长达 18000 多千米，加上 5000 多个岛屿的海岸线 14000 多千米，海岸线共长 32000 多千米，因此潮汐能非常巨大。据不完全统计，全国潮汐能的蕴藏量为 1.9 亿千瓦，年发电量可达 2750 千瓦时，其中可供开发的约 3850 万千瓦时，年发电量 870 亿千瓦时，目前我国潮汐电站总装加容量已有 1 万多千瓦。

为什么沙滩烫人，海水却让人打颤

小院士求知

◆ 小胃口和大胃王

科学家通过研究发现，能够到达地球表面的太阳辐射能，大部分都被地球吸收了，只有一小部分反射回到空中。但是，地球的这种吸收能力在海洋和陆地却是不一样的。陆地既不透明又不流动，是一种不能很好传热的固体。就算太阳光再强烈，也晒不透它。实验表明，陆地的胃口小，太阳辐射来的能量只有很小一部分被吸收，剩下的就全都被反射回空中去了。陆地的反射率要比海面的反射率大一倍。

陆地不能很好地传热，哪怕晒上一整天，它所吸收的热量也少得可怜，只能保留在不到1毫米厚的表层中。不过，也正是因为如此，这1毫米的地方集中吸收太阳的热量，会显得特别烫。

小院士的发现

如果你曾在海边游玩避暑，一定有过这样的经历：火辣辣的太阳照在头顶，把大地上的一切都烤得烫烫的。这时，你会身不由己地投到大海的怀抱中去，感受它的清凉，甚至你还会想，要是整个夏天都能生活在舒适的海水里该多好啊。不过，当你真的到大海中嬉戏游玩的时候，用不了多久你就会后悔了。冰凉的海水会很快把你"赶"出来，让你重新回到被太阳晒得发烫的沙滩上。

同样是在炎炎的烈日之下，为什么沙滩炙热难当，而大海却冰冷刺骨呢？

和陆地比较起来,海洋更像一个大胃王,它贪婪地吸收着太阳送来的热量,从不轻易放过。因为海水是半透明的,太阳光可以透射到水下一定的深度,而不是像陆地一样只集中在薄薄的表层上,所以,照射到海面的大部分太阳辐射能都被海水吸收了。

◆ **为什么海水吸热多,却没有沙滩热**

既然海洋吸收了这么多热量,为什么还会感觉冷呢?首先,虽然海水吸热的胃口很大,但它并不会"自私"地把所吸收的热量全部保存在海水表层,而是把已经吸收的热量送到透射不到阳光的深层海水中贮存起来,和海洋的其他部分共同分享。比如说,

海流就可以把赤道附近的热海水送到两极方向去，而两极方向的冷海水也通过海流向温暖的地方流动。此外，海浪的波动也可以帮忙把海面吸收的热量传播到深海。

现在明白了吧。虽然是同在一个太阳的照射下，但陆地只是表皮烫，海洋却是全身吸收。因为海洋的体积太大，热量又散布得比较均匀，所以温度不会太高，比人体温度要低很多，这就难怪人们在海水中会觉得冷了！

小院士探索

什么是比热

单位质量的某种物质温度升高1℃吸收的热量叫作这种物质的比热容，简称比热。

在自然界中，水的比热是最大的，也就是说，在同样受热或冷却的情况下，水的温度变化会比较小。所以，在同样受太阳照射的时候，白天沿海地区比内陆地区要凉爽些，而夜晚则比内陆地区要温暖些，这也就形成了沿海气候冬暖夏凉的特点。

海岛是怎样形成的

小院士求知

◆ 海岛形成的规律

虽然大洋中的海岛千奇百怪，形态各异，不过人们还是能够从中发现一定的规律。其实，海岛的形成方式主要有两种，一种是从大陆分离出来，另一种是由海底火山爆发和珊瑚虫构造而成。地质学家把第一种称为陆地型海岛，这种海岛的地质构造与附近大陆相似；而第二种则被称为海洋型海岛，它们的地质构造与大陆没有直接联系。

◆ 陆地型岛屿

大陆岛是陆地型岛屿的主要类型。它是大陆向海洋延伸出去的一部分，世界上比较大的岛基本上都是大陆岛。大陆岛的形成原因有三种：一是由于地壳运动，使得岛屿和大陆连接的中间部分陷落为海峡，原与大陆相连的陆地被海水包围，形成岛屿。我国的台湾岛、海南

小院士的发现

茫茫大海，一望无际，如果在其中航行，既让人觉得辽阔壮观，也难免会让人觉得有点孤单害怕。如果这个时候能够看到一个小岛出现在视野中，很多人都会忍不住欢喜得叫出声来，那感觉就好像行走在沙漠中的人突然看到绿洲一样。可是，无际的海洋，岛屿千万，它们是怎样从大海深处冒出来的呢？难道这些都是上帝的杰作吗？

岛等，都是这样形成的。二是冰碛物形成的小岛。在远古冰川时期，冰川夹带大量泥沙石屑在下游不断堆积，等气候回暖后，冰川消融，海面上升，部分泥沙石屑未被淹没，成了岛屿。三是海蚀岛，面积比较小。这种岛紧邻大陆，和大陆的高矮基本一致，中间仅仅隔着一道不太宽的海峡，这种海峡是海浪常年侵蚀的结果。

◆ **海洋型岛屿**

海洋型岛屿主要分为三类。一是冲积岛。这类岛屿多位于大河的出口处或平原海岸的外侧，是河流泥沙或海流作用堆积而成的。我国长江口的崇明岛、长兴岛，就属于冲积岛。另外，我国的苏北沙洲，都是海流加上风力堆积而成的沙滩，位置不固定，成为航行的危险区。二是火山岛。这类岛屿是由海底火山露出水

面的部分形成的，地形挺拔险峻，和大陆岛、冲积岛有明显的不同。世界海底山脉最高峰的冒纳开亚火山，就是举世闻名的火山岛——夏威夷岛的主峰，其海拔高度为4205米，水下部分还有5998米，总高10203米，比珠穆朗玛峰还高1359米！夏威夷群岛呈直线排列，是由海底火山喷发形成的。三是珊瑚岛。这类岛屿只存在于热带、亚热带海域。顾名思义，这类岛屿是由珊瑚虫的尸体经过漫长的历史堆积而成的。太平洋的加罗林群岛、马绍尔群岛，印度洋的马尔代夫，我国的南海诸岛，都是典型的珊瑚岛。

小院士探索

什么是能源危机

世界能源危机是指人为造成的能源短缺，石油资源的蕴藏量不是无限的，容易开采和利用的储量已经不多，剩余储量的开发难度越来越大，到一定限度就会失去继续开采的价值，煤炭资源也是如此。因此，人类必须预见非再生矿物能源的枯竭可能带来的危机，从而将注意力转移到新的能源结构上，尽早探索、研究和开发利用新的能源，否则，人类自身的生存就会受到威胁。

海岸线每天都在变化吗

小院士求知

◆ **不断变化的海岸线**

其实,很多靠近大海的地方每天都在发生着,只是海水波动的幅度太小,难以引起人们的注意罢了。不过,虽然这种变化不能给人类的生活带来灾难,却让海岸线每天都在发生着变化。

科学研究显示,在最近二三百万年的时间里,地球上的海岸线至少发生过三次极大的变动。有时,海水渐渐退去,原来在海面以下的大片土地变为陆地;有时,海水又渐渐涨上来,使沿海大片土地沦为沧海。海水就是这样时进、时退,几乎永不休止。而海岸线也就这样被随意改变着。

科学家们推断,离现在最近的一次海岸线

小院士的发现

看过灾难性科幻电影的人一定见过这样的画面:汹涌的海水卷起几十米甚至上百米的巨浪冲向陆地,把高楼大厦瞬间淹没,几乎所有的生命都难以逃脱死亡的命运。这时候坐在观众席上的很多人忍不住会感到害怕:这只是电影导演的虚构吗?现实中会不会真的发生这样的惨剧呢?

变动发生在距今大约七万年前，从那时起，海岸线开始下落，一直到距今两三万年前，海面才退到最低点，持续时间达四五万年之久。当时的海平面要比现在的海平面低一百多米！

比现在的海平面低一百多米，这意味着什么呢？不妨举个例子来看。就我国沿海地区来说，现在渤海平均水深只有 21 米，福建和台湾之间的台湾海峡，广东雷州半岛与海南岛之间的琼州海峡，水深也不足 100 米。所以，海平面下降一百多米，就意味着渤海消失了，台湾、海南岛和大陆完全连在一起，步行就可以到达了。

◆ 海岸线变动的原因

科学研究发现，造成这种现象的原因主要有两种：一种是气候的变迁和冰川的进退。科学家们推断，在最近二三百万年间，

地球上曾经发生过几次大冰期。由于气候变冷，地球上的降水不断变成了雪降落在陆地上，堆积成巨大的冰川，却不能循环回流到海洋中去。而降水的主要来源却是海水蒸发。这样一来，大海只蒸发却没有补充，水就会越来越少。于是，海面就慢慢地降低了。只有当冰川消融后，陆地上大量的水流回海洋，海面才会重新上升。

另一种是地壳运动的结果。地壳构造力的作用非常大，可以使原来的深海隆起成高山，也可以使高山沦为深海，由此造成的海岸线和海平面的变化也就很明显了。

小院士探索

沧海桑田的变迁

关于海岸线的变动，人们已经从实际考察中找到了很好的证明。比如，在一些现在被海水隔开、远离大陆的岛屿上。有很多野生动物却和大陆上的物种十分相似。据科学调查，我国海南岛的22种野生哺乳动物中有16种和大陆完全相同，而剩下的6种，在大陆上也能找到相近的种类，而同样远离大陆的苏门答腊岛、爪哇岛和加里曼丹岛，岛上的哺乳动物种类和陆地上的种类更是完全相同，就连河里的鱼以及两栖类和爬行类动物也几乎是完全一样的，要知道，那些只能生活在淡水中的鱼，是绝对没有办法越过宽阔的咸水海洋，游到另一个岛屿上去的。所以，根据这些，人们完全可以判断，在不太远的过去，这些岛屿是和大陆连接在一起的，是海岸线的变迁才把它们隔离开来的。

海底深沟有多深

小院士求知

◆ 大海的最深处

在1951年,英国"挑战者Ⅱ"号在太平洋的关岛附近发现了一条海沟,这条海沟叫作马里亚纳海沟,是目前人们所知道的世界上最深的海沟,它也代表着地球上海拔最低的地方。1960年1月23日,雅克·皮卡尔驾驶自己研制的深潜器"的里亚斯特"号,下潜到马里亚纳海沟距海面11022米的"的里亚斯特"海渊底部,实现了人类的夙愿。

马里亚纳海沟的深度远远超过了珠穆朗玛峰的高度,因为它大概有1.1万米深。也就是说,如果把珠穆朗玛峰放到这条海沟里,我们都看不见珠峰的峰顶,因为它的峰顶还在距海平面以下2000多米呢!

◆ 倒过来的山脉

海沟作为一种地质形态构造,是洋底最深的地方,可以把它们比拟为"倒过来的山脉"。有意

小院士的发现

如果有人问世界上最高的地方在哪儿,相信很多人都会毫不犹豫地说是我国青藏高原上的珠穆朗玛峰,甚至还能准确地说出它的高度来。那么,世界上海拔最低的地方又在哪儿呢?

思的是，深海沟大多不在大洋的中部，而是位于大洋的边缘。太平洋西部边缘的岛屿外侧就是世界最著名的海沟分布带。从北到南依次有阿留申海沟、千岛海沟、日本海沟、马里亚纳海沟、菲律宾海沟和汤加海沟等。

想亲眼目睹深海沟的风采是非常困难的。因为水越深，压力就越大。水深每增加 10 米，就要增加一个大气压，在 1 万米的深海沟里，水的压力就是 1000 个大气压。也就是说，像指甲那么大的面积，就要承受 1 吨的压力。

◆ **太平洋火山圈**

在海沟众多的太平洋边缘地带，有众多的火山岛，因此又有"太平洋火山圈"之称。地球上的522座活火山，有322座在太平洋地区，而且大部分分布在太平洋边缘地带。在阿拉斯加，约有80座火山，其中有40多座是活火山。1976年1月23日，阿拉斯加岛屿上的一次火山喷发，简直就像原子弹爆炸一样，浓烟和火山灰形成的巨大蘑菇云扶摇直上，飞上12000米的高空。这座名叫"圣－奥古斯"的火山，几个世纪以来一直在周期性地活动。在日本的165座火山中，有54座是活火山，著名的富士火山1951年还曾喷发过一次。

小院士探索

海沟探秘

海沟是海底最壮观的地貌之一，它是大洋底部两壁陡峭、比相邻海底深2000米以上的狭长凹陷。

由于深海的探险极为艰难，耗资巨大，所以到现在为止，探险家们亲自下海测量的海渊，只有"的里亚斯特"海渊，其他海渊的深度都是依靠安装在海面船只上的探深仪测得的。

海水会越来越咸吗

小院士求知

◆ 海水为什么是咸的

首先,我们要来了解一下,海水为什么是咸的。关于这个问题人们的说法各不相同,归纳起来主要有以下几种。

第一种观点认为:地球在漫长的地质时期,刚开始形成的地表水(包括海水)都是淡水。后来由于水流侵蚀了地表岩石,使岩石中的盐分不断地溶于水中,这些水流再汇成大河流入海中。随着水分的不断蒸发,盐分逐渐沉积,时间长了,海水就变成咸的了。如果按照这种推理,那么随着时间的流逝,海水将会越来越咸。

第二种观点认为:海水从开始出现的时候起就是咸的。科学家根据研究发现,海水并没有越来越咸,海水中的盐分也没有增加,只是在地球各个地质时期,海水中含盐分的比例各不相同而已。

小院士的发现

雨水是淡的,河水是淡的,千万条河流日夜不停地汇入大海,如此经历了5亿万年的时间。在这漫长的岁月中,海水是越来越咸了,还是越来越淡了呢?

第三种观点认为：海水之所以是咸的，是上面两种原因共同作用的结果。海水中的盐分不仅是大陆上的盐类不断流入的结果，而且随着大洋底部的火山喷发、海底岩浆溢出，海水的盐分也在不断增加。这种说法得到了大多数学者的赞同。

◆ **世界上最淡的海**

海水因地理位置不同，含盐量也不相同。世界上最咸的海是红海，最淡的海则是波罗的海。波罗的海的盐度只有7%到8%，比起大洋平均35%的盐度来说低了很多，在它内部的几个海湾，盐度更是低到只有2%左右，如此低的盐度已经和淡水相差无几了。但有一点应该注意，那就是波罗的海深层海水的盐度较高，这是由于含盐量较高的北海海水流入造成的。至于波罗的海的水盐度

低的原因，科学家推测，主要是因为波罗的海的形成比较特殊，它是最后一次冰期结束时冰川大量融化后形成的。波罗的海与外海海水交换不大，又有大小250条河流注入，加之气候寒冷，蒸发量小，因而成为世界上含盐量最低的海。

小院士探索

海水变肥料

钾元素在海水所包含的各种化学成分中占第六位，共有600万亿吨。氯化钾是人们从海水中提取的肥料。钾肥肥效快，易被植物吸收，不易流失，能使农作物茎秆长得强壮，防止倒伏，促进开花结果，增强抗寒、抗病虫害能力。海水中的钾主要用来制造钾肥；此外，在工业上钾可用于制造含钾玻璃，这种玻璃不易受化学药品腐蚀，常用于制造化学仪器和装饰品；钾还可以制造软皂，可用做洗涤剂。

马尾藻海为什么没有海岸

小院士求知

◆ 海洋中的"草原"

1492年9月16日这天,在大西洋上航行了多日的哥伦布探险队忽然望见前面有一片大"草原"。要寻找的陆地就在眼前,哥伦布欣喜地命令船队加速前行。然而,驶近"草原"时,哥伦布一行却大失所望,原来,面前是长满海藻的一片汪洋,哪有什么陆地的影子啊!奇怪的是,这里风平浪静,看起来像一潭死水。哥伦布凭着自己多年的航海经验感到隐藏着危险,便亲自上阵开辟航道,经过3个星期的挣扎探索,才逃出这片可

小院士的发现

世界上的海尽管与邻近海洋相通,但一般都是有海岸的。有趣的是,大西洋中却有一个没有海岸的海,既不与大陆相连,也没有被陆地所包围,它就是萨加索海,也叫马尾藻海,人们称它为"没有海岸的海"或"洋中之海"。它是怎么样形成的,又为什么这么特别呢?

139

怕的"草原"。后来，哥伦布把这片奇怪的大海叫作萨加索海，意思是海藻海。这就是马尾藻海。

◆ 变幻不定的"海岸"

马尾藻海因海面漂浮着大量马尾藻而得名。马尾藻海是世界上唯一一个没有海岸线的海，严格说来，它只是被几条大洋流围出的一个特定区域，墨西哥湾暖流在其西，北大西洋暖流在其北，加那利寒流在其东，北赤道暖流在其南。马尾藻海长约3200千米，宽约1100千米，覆盖了西经约70度到40度、北纬约25度至35度的地区，百慕大群岛靠近该海的西部边缘。

北大西洋环流按顺时针方向旋转，同时使海水不断向海域中部堆积，形成一层700米厚的均匀而又温暖、适于马尾藻生

存的水域，这层海水在环流影响下，也极缓慢地按顺时针方向运动。由于组成北大西洋环流的各海流随季节和气候不断变化，马尾藻海的边界也随之而变化。

所以不难看出，马尾藻海是存在于大洋中的一片奇怪海域，并不是名副其实的海，它的周围依然是海水，自然也就没有海岸可言啦！

小院士探索

死亡之海

在很早以前，马尾藻海还有另外一个名字：死亡之海。这个名字的由来首先要怪那些无边的水草，在海风和洋流的带动下，漂浮着的马尾藻犹如一条巨大的橄榄色地毯，一直向远处伸展。以前的船舶没有现在先进，在遍布海藻的地方很容易被缠住，脱不了身。除此之外，马尾藻海还是一个终年无风区。在蒸汽机发明以前，船只只得凭风而行。那个时候如果有船只贸然闯入这片海区，就会因缺乏航行动力而被活活困死。

海洋贝壳是垃圾吗

小院士求知

◆ 神奇的"贝壳溶液"

目前，科学家在利用"垃圾贝壳"上，已取得了很大的成绩。他们研究发现，贝壳中含有丰富的碳酸钙，这可是个好东西，它是很多常见的病菌，如沙门菌、脚气病菌、大肠杆菌的大克星呢！

实验证明，如果把大肠杆菌放入从贝壳中提取的碳酸钙溶液中，只要不到10分钟的时间，这些大肠杆菌就会被全部杀灭。根据这一发现，人们很快就研制出了"贝壳溶液"，用它可替代医院长期使用的传

小院士的发现

很多人都喜欢吃海鲜，而贝类海鲜更是最受欢迎的一种。不过，吃完美味的贝肉之后，遗留下的大量贝壳却往往成为难以分解处理的垃圾，堆在一起，既占地方，又影响环境卫生。那么，能不能想个办法，变废为宝，把这些垃圾充分利用起来呢？

统化学消毒液,不仅消毒效果好,而且不会给环境遗留任何化学污染问题。

更让人们感到高兴的是,虽然这种"贝壳溶液"的碱性很强,却并不会腐蚀伤害人的皮肤。因为贝类生活在海水中,而海水溶解有多种阻止腐蚀的矿物质成分,所以,"贝壳溶液"也是一种安全的家用消毒剂,可以在居家生活中发挥很好的消毒作用呢!

◆ **超级环保的"贝壳涂料"**

众所周知,在房屋装修和家具制作的时候,人们往往不得不大量使用甲醛作为黏合剂,但甲醛是一种挥发性化学物质,吸入后对人体会有很大的伤害,甚至还可能诱发癌症,真是让很多人头疼不已。不过,有了"贝壳涂料"之后,这个问题就

迎刃而解了。现在，有人开发出了一种掺有贝壳粉的墙壁涂料，它可以在10分钟内使房间中的甲醛浓度降低至原来的五分之一。而且还能吸收很多其他化学涂料散发出来的有害成分，把室内空气中的有害化学成分控制在较低水平。

这种"贝壳涂料"究竟是怎样发挥作用的呢？人们通过电子显微镜观察发现，贝壳粉末中含有许多小洞，挥发性物质甲醛一旦进入小洞，贝壳特有的碳酸钙就会将其分解为氢和二氧化碳等对人体无害的元素。它就是这样达到净化空气的效果的。

小院士探索

美丽的贝壳

贝壳是蛤蚌等有壳动物的外壳，有的贝壳具有珍珠般的光泽，因而被用于珠宝业，制作项链、服装珠宝（纽扣等），甚至安装在首饰上，更多用于制作贝雕、拼贴画、镶嵌刀柄等。在各类贝壳中，以澳大利亚北部托雷斯海峡一带所产的珍珠牡蛎、菲律宾的马尼拉贝、缅甸的缅甸贝以及西印度群岛的巨蚌、皇后大蛤等最为有名。

冰山是怎样形成的

小院士求知

◆ 冰川的孩子

大家都知道，冰山并不是真正的山，而是漂浮在海洋中的巨大冰块。在两极地区，海洋中的波浪或潮汐猛烈地冲击着附近海洋的大陆冰，天长日久，它的前缘便慢慢地破碎断裂，滑到海洋中，漂浮在水面上，形成了人们见到的冰山。

还有一种可能，冰山伸入海水中，上部融化或蒸发比较快，结果下部变成了水下冰架，断裂后再浮出水面。大多数南极冰山是南极大陆冰盖向海面方向变薄，并突出到大洋里成为

小院士的发现

在南极的科学探索节目中，绝对少不了这样一个大场景，那就是冰山像小岛一样漂浮在辽阔的海面上，成群的企鹅站在上面，好像乘坐在巨大的轮船上一般，看上去壮观极了。

一般来说，海水不容易结冰，那么这些漂在海面上的巨大冰山是怎么形成的呢？

冰架后逐渐断裂而形成的。

通常，春夏两季是冰川形成的最佳时期，那时较暖的天气使冰川或冰盖边缘分裂的速度加快。每年仅从格陵兰西部冰川产生的冰山就有约1万座之多。

◆ **长大的冰山**

不少人认为，冰山在海中漂流时，会慢慢地全部融化掉。但事实并非如此。因为有的冰山不仅不会融化，还会慢慢长大。据科学探测，冰山在北冰洋的"生长"速度是每年280立方千米，在南极为每年1800立方千米。冰山体积的十分之九都沉浸在水底下，我们在海面上所看到的仅仅是它的头顶部分。所以，人们常

常用"冰山一角"来形容只看到事物的一小部分。

◆ **冰山的生命周期**

经过实际检测后，人们发现，冰山的年龄一般都在 5000 年以上。冰山在高纬度地区能保持 10 年不会融化，但如果漂往低纬度海洋，则用不了 2 年就会完全融化掉。冰山运动的主要动力是风，其次是洋流。在风的推动下，有的冰山可以每天移动 44 千米。

小院士探索

为什么有的冰山是蓝色的

冰山是从积年累月的雪和冻冰构成的冰川里分离出来的。雪花有多个反射面，所以呈现白色。同样的道理，大多数冰山也是呈现白色的。但是，年代久远的冰山就不一样了。当冰山还是冰川的一部分的时候，内部巨大的压力把空气挤压出来而使冰山晶体化，失去了反射光线的能力。所以，当阳光穿透冰山时，光谱中低能量的红绿光被吸收掉了，只剩下高穿透力的蓝紫光，这样在我们看来冰山就是蓝色的了。

海洋能当作垃圾场吗

小院士求知

◆ 海洋可以消化垃圾

现代科学告诉我们，海洋是一个巨大的生态系统，在其自身的循环、运动和与大气、陆地等生态圈的物质及能量交换过程中，拥有一定的废物处理和消化能力。所以科学家告诉我们，人类可以利用海洋环境的这种能力来接收陆地排放的污染物质，而又能维持海洋环境的生态平衡；同时，海洋的巨大空间也可以作为陆地废弃物的倾倒场所，同时又不会污染周围海域。

这样看来，把垃圾都扔到海里去的想法还真是可行的呢！不过，先不要太高兴，因为科学家同时也提醒人们，倾倒垃圾要注意两个问题，一个是海水的自净能力，另一个是海洋环境的容量。

◆ 海水的自净能力

众所周知，海洋水体面积和体积都很大，而且一直都在不停地流动。当污染物质进入海洋以

小院士的发现

统计显示：地球上每天人均产生垃圾1千克，乘以人口60亿，就成了一个让人震惊的数字。这么多的垃圾，我们该把它放到哪儿去呢？曾有人提议将垃圾倾倒入海，因为海水有强大的自净能力。这种方法真的可行吗？

后，有的漂浮在水面上，有的悬浮在海水中，有的被海水溶解掉了，还有的干脆沉下去，成了海底的一部分。污染物不论存在形式如何，都在海水中进行着物理、化学和生物变化的过程。海水通过这三种过程的作用，可以把污染物的一部分或全部都处理掉，使环境恢复到原来的状况，这就是海水的自净能力。

◆ 海洋环境容量

海洋环境容量是指在自然环境不受损害的前提下，某一海洋所能容纳污染物的最大负荷量；换句话说，就是海洋在保持生态平衡的前提下，所能容纳污染物的最大数量。这就好像人吃饭一样，每个人的饭量是有限的，吃多了就会难受，甚至还会生病，海洋也是这样，虽然它可以帮我们消灭很多垃圾，可是如果给它太多，也会吃坏肚子的！

看完上面这些，大家应该明白了，海洋可以作为人类的垃圾场，帮助我们处理垃圾。不过，我们人类也不能太过分，把所有脏东西都毫无节制地投到海里面。不然，等到海洋"生病"的时候，人类就要自食其果了。

小院士探索

防止海洋污染的法律公约

过量地往海洋倾倒垃圾，会造成海洋环境的污染和水产资源的损失，而且也会危及人类本身的健康。因此，这项工作一开始就引起了各国和国际组织的关注，纷纷要求采取措施加强海洋倾废的控制和管理。1972年在伦敦通过的《防止倾倒废物及其他物质污染海洋的公约》，为控制陆上向海洋倾废提供了全球范围的准则。这个公约于1972年12月29日同时在伦敦、墨西哥、莫斯科和华盛顿开放签字，通称为《伦敦倾废公约》。1982年，《联合国海洋法公约》也对海洋倾废做了规定，要求各国制定国内法律，以防止、减少和控制倾倒废物对海洋环境的污染。

人类能直接利用海水吗

小院士求知

◆ 用于工业的海水

实际上，很早以前，人们就开始利用海水为自己服务了。在20世纪60年代，日本工业企业直接利用海水量就已经占到总用水量的60%以上。目前，日本的发电厂每年直接利用的海水就达到上百亿立方米。美国从20世纪70年代开始，大力推广直接利用海水技术，直接利用海水已占工业总用水量的20%。

小院士的发现

我们都知道，海洋面积占地球总面积的71%，仅从这个数字就能看出世界上的海水多么丰富了。可是，海水是咸的，到现在也不能用来解决地球上的水资源危机，我们能拿它做什么呢？难道这么丰富的水资源对我们就没什么用了吗？

除日本之外，美国、英国已将海水作为冷却水用在工业生产上。冷却海水一般采取两种方式：一是间接转换冷却，包括制冷装置、发电冷凝、纯碱生产冷却、石油精炼、动力设备冷却等；二是直接洗涤冷却，即海水与物料直接接触。

◆ 防腐技术是关键

大家都知道，海水有腐蚀作用，在使用海水作为冷却水的技术中，海水对设备、管道的腐蚀、结垢，海洋生物附着造成管道阻塞，泥质浅滩海岸的泥沙淤塞，海水水质污染等都会给被冷却的装置带来不利影响。

不过这也难不倒我们，为了克服海水对设备装置的腐蚀和生物附着等问题，人们采用了许多新材料、新技术，不断扩大海水的利用范围。例如，为克服海洋生物的附着，人们采用海水冷却塔技术，结合使用大剂量杀虫剂的办法，双管齐下，治腐防腐。

随着全球淡水资源的日益减少，海水直接利用的规模正在不断扩大，尤其是新型防腐涂料的大批出现，防腐技术的迅速提高，防止海洋生物附着的方法和措施日臻完善，大大推动了海水直接利用的进展。

◆ 优质的建材和化工材料

目前，一些国家已经把海水用于生产过程之中。例如，用海水制取建筑材料，包括制造类似钢筋混凝土的材料，以海水为原料制成各种建筑用管材等。海水还被直接用于纺织工业的印染，因为海水中的许多天然物质可以促进染整工艺。另外，海水中的某些元素带负电荷，经海水处理过的纤维，表面带有负离子，这样可以使纤维表面排斥其他物质，提高织物的质量。看来，对海水善加利用还真是让人类受益匪浅呢！

小院士探索

用海水浇灌植物

为了充分利用海水，人们研制出了可以用海水直接灌溉的植物。美国研究人员在1000多种靠海水浇灌成长的天然植物中，挑选出一种命名为sob-7的植物品种，这种植物可以用海水浇灌成长，其果实能加工成类似麦片的食物，富含植物蛋白，也很容易榨取植物油。这一发现为进一步发展海水灌溉农业提供了新途径，我国也进行过海蓬子、大米草等耐盐植物的栽培实验，以及豇豆、西红柿和水稻等经济作物的耐盐实验。相信在不久的将来，海水一定可以帮我们做更多事情！

海洋也能出药材吗

小院士求知

◆ **古老的药材库**

其实，海洋医药库说的就是种类繁多的海洋动植物，因为它们的数量数不胜数，而且还能不断生长，所以，海洋自然也就是不会枯竭的聚宝盆啦！

其实从很早起，大海就开始为人类贡献药材了。我国早在唐代时，就有人撰写了专门研究海洋药材的著作《海药本草》。近年来，人们又从海洋动植物中提取了抗生素、止血药、降血压药、麻醉药，甚至抗癌药；而像鱼肝油、琼胶、鹧鸪菜、精蛋白广为人知，以及中药所用的一些海味，更是历史悠久。

◆ **海洋植物药材**

常吃海带可以补碘，这是最广为人知的。海带的好处还不止于此。从海带中提取的药材，对治疗高血压、气管炎、哮喘以及外出

小院士的发现

广袤无垠的大海对人类来说，真是个取之不尽的大宝库，除了为人们熟知的矿产资源，海洋还有一个独特的好处，就是它里面的医药资源也非常丰富。那么，这些医药资源到底藏在哪儿呢？

血等都有很好的效果。珍珠贝壳的珍珠层粉具有治疗神经衰弱、风湿性心脏病等 10 多种疾病的功能。从马尾藻中可以分离出一种广谱抗生素，而海洋中的马尾藻简直就像海水一样多，就是让全世界的人随便用都用不完！

◆ **海洋动物药材**

从生活在太平洋中的七星鳗身上，医学家发现了一种可用于治疗心律失常的物质。这是一种强烈的心脏兴奋药物，只需服用很小的剂量，就能使心脏输出的血液成倍地增大，可挽救

心力衰竭者的生命。科研人员从加勒比海地区生活的珊瑚虫体内发现了一种天然的前列腺激素。目前，科学家已能运用最新技术，从活体珊瑚身上提取这种物质，用于治疗气喘、神经衰弱和心脏疾病。

当然，海洋动物中有很大一部分具有毒性，有的毒性还大得惊人。不过，不用担心，它们照样可以被我们拿来当药用！比如，从某些有毒的鱼类身上提取的有毒成分制成的麻醉剂，其效果比常用麻醉剂大上万倍，简直令人难以置信。

小院士探索

向海洋要生物活性物质

生物活性物质是指对人类高级生命活动具有调节功能的生理活性成分。现代科学常从陆地生物中提取这种成分，制成高级营养品。目前大多数天然活性物质从陆地生物包括动物、植物、微生物体内提取，但随着污染严重，从陆地生物筛选提取天然活性物质越来越受到资源的限制。人们希望利用海洋生物开发出增进健康、预防疾病的营养食品、保健食品，从目前的研究来看，这应该是可行的。

为什么说里海是个冒牌货

小院士求知

◆ 名为海，实为湖

如果你站在高加索山脉向东北方望去，就会看到一片烟波浩渺、遥无边际的广阔水面，这就是位于亚、欧两洲交界处的里海。里海虽然被称为"海"，实际上却是一个湖。它的四周完全被陆地包围着，并没有和海洋连接，在地理上属于湖泊。里海的南面紧靠伊朗，北面、西面和东面有俄罗斯、土库曼斯坦、哈萨克斯坦、阿塞拜疆等国，是一个所属国家最多的国际湖泊。

◆ 面积足够大

里海之所以被称为"海"，原因之一是它比普通的湖要大得多。里海的南北狭长，约1200千米，形状略似"S"形，东西平均宽约320千米，湖岸线长约7000千米，面积37.1万平方千米，湖水总容积为76000立方千米，也是世界上最大的湖泊。比北美五大湖的总面积还要多12万平方千米，是

小院士的发现

衣服有冒牌的，鞋子有冒牌的，手机有冒牌的，这都是因为被不法商贩用来骗钱。可是海也有冒牌的吗？

大家常说的里海还真是个冒牌货，为什么这么说呢？

世界上长度超过 1000 千米的唯一的湖泊。里海的最大深度达 1025 米，比许多真正的海还要深好多。所以，很多人看到它的时候都会觉得把它称为海更为恰当。

◆ 湖水是咸的

和普通湖泊相比，里海还有一个比较明显的不同，就是它的湖水是咸的，而且湖里面生存的生物也和海洋中的接近。里海的所在地区气候干旱，湖水大量蒸发，湖面逐渐减小。1930 年，湖面为 42.4 万平方千米，到了 1957 年，就缩小到了 37.1 万平方千米。湖水不断减少时，含盐量也就相对增加了，里海南部的含盐量竟然高达 13%。

◆ **像海一样的自然特征**

里海水域辽阔，一望无垠，经常出现狂风巨浪，就像大海一样翻腾不息。此外，从里海的形成原因来看，它和亚速海、咸海、黑海、地中海等一样，原来都是古地中海的一部分，经过海陆演变，古地中海逐渐缩小，上述各海也发生了很大的变化。所以，今天的里海是古地中海残存的一部分，地理学家也称之为"海迹湖"。很多人喜欢把它称为海，这也是一个原因。

小院士 探索

正在缩小的咸海

说起来，咸海和里海是兄弟，因为它们都是从古地中海分化出来的，不过，由于人类在改造自然的过程中忽视了生态问题，咸海正经历着一场空前的危机。

咸海的水源主要靠阿姆河和锡尔河注入，20世纪50~60年代，由于水资源浪费现象极为严重，阿姆河和锡尔河已基本不能再为咸海输水，咸海的面积也因此迅速缩减，最终被分为北部的小咸海和南部的大咸海两个部分。随着水面不断缩小，沙漠化和环境污染问题便相继出现。另外，咸海身处内陆环境，蒸发量大，降水量少，这更加剧了其面积的缩减。根据现在的数据估计，咸海将会在15年内消失。

人类能到海底居住吗

小院士求知

◆ 移居海洋的梦想

世界人口一直在不断增长，而我们生活的地球却还是那么大。近年来，随着温室效应的增强，陆地面积还面临不断缩小的危险。人类世世代代居住的陆地显得越来越拥挤了，因而是否能够在海底居住也成为人们关心的问题。实际上，早在20世纪30年代，美国的哈·戴维斯就提出了建造海底活动房屋的构想，而美国海军则早在1957年就制订了世界上最早的水下居住模拟实验计划。

◆ 第一批海底居民

1962年9月14日，德国的大陆架—1号实验室成为世界上最早建造的水下居住实验室。它被放置在地中海的弗列奥尔岛海域水下10米深处，实验室灌入的是和地面一样的普通空气。两名潜水员在海底生活了37天，从而成为世界上最早的海底居民。

小院士的发现

在我国的神话传说中，龙王是居住在大海深处的神仙，它统领着水族，掌管着兴云降雨。现在，有人异想天开，要去海里造"房子"，和龙王"抢地盘"了。到底是什么人这样大胆呢？人类真的可以像传说中的龙王一样在海底自由生活吗？

1964年7月20日，美国建造的第一个水下居住实验室开始运行。当时美国海军的海底实验室—1号水下居住实验室被固定在588米深的海底，采用氦、氮、氧混合气体呼吸，4名潜水员减压下沉到居住实验室，在海底生活了311天。

◆ 技术日趋成熟

　　1988年底，美国科研人员进行了300米饱和潜水试验。这一次，参加试验的潜水员在300米深的海底生活了37天，并做了海底平台安装作业和有关测量试验。1989年秋，法国实验了氢氦氧混合

呼吸气体在长期饱和潜水中的使用限度。3名潜水员分别在实验室中生活了73天、54天和44天。结果证明，在呼吸气体中加入一定比例的氢气，会使潜水员感到更加舒适。

如今，人们仍在继续实验，法国准备把海底居住实验室下降到600米深处。美国通用电力公司也在研制400米深海军用基地。看来，在不久的将来，人类移居海底将不再是异想天开。

小院士探索

什么是饱和潜水

潜水员从海面向下潜水，随着压力的增加，吸入的气体成分会溶解到人体的各个组织内。这时只要不过分地加压，人体是能适应高压环境的。潜水员在高压环境中停留一段时间后，体内组织中的溶解气体量就达到了饱和状态，在潜水员返回海面的过程中，人体所受的压力逐渐减小。起先溶解于体内的气体成分便要释放出来。如果减压速度太快，一些中性气体就会形成气泡，阻塞血液循环而引起潜水病，所以潜水员需要随潜水深度的增加而拉长减压时间，但是当潜水员体内的溶解气体量达到饱和状态后，则不管在水下停留多长时间，所需减压时间都一样长，这就是饱和潜水。这个理论的提出，从医学角度为人类长期居住在海底的梦想提供了可能。

可以在大海中放牧鱼群吗

小院士求知

◆ 到海洋中"放牧"

其实，大可不必担心海洋生物资源被我们索取光。因为人们已经想出了很好的办法来解决这个问题，那就是到海洋中放牧，即发展海洋养殖业。比如，在海边筑堤，围出一部分水域，专门养殖虾、鱼、蟹等多种水产品。在未来，人类将凭借更先进的科学技术，在海中水温冷暖适中、光线充足、水流通畅的地方，建造更多的海洋牧场。海洋牧场就像赶着成群的牛羊到广阔的草原上放牧那样，把海洋中的鱼类聚集在一起，利用先进的技术和管理方式，让鱼儿自由自在地生长，为人类提供更好的服务。

在未来的海洋牧场里，会完全实现

小院士的发现

为了获得更丰富的食物，人类很早就学会了在河流和海洋中捕猎。但是一直以来，人类在海上捕鱼捉虾，仍是一种原始的生产方式。用这种方式向海洋索取食物，海洋生物资源会遭受破坏，因为人类只管索取。在陆地上，人类早已学会饲养牲畜，那么人类在海中放牧鱼群可以吗？

现代化，配置有助于鱼群生长的一切设备，比如能播放音乐的设备，经常播放鱼儿们喜欢的音乐。这些经过精心挑选、编制的音乐，不仅能让牧场里的鱼迅速成长，还能吸引外面的鱼来到牧场里定居。此外，还有散发气体的设备，有些鱼既不喜欢好房子，也不喜欢美妙的音乐，却对某种独特的气味情有独钟，牧场经常散发

这种气味，就能把它们永久地留在牧场。

◆ **神奇的气泡围栏**

陆地上圈养牛、羊、马等牲畜都有围栏，防止牲畜逃跑。海洋牧场在水中，怎样才能防止鱼群逃跑呢？不用担心，科学家自有妙计。海洋牧场四周的海底都会铺设塑料管道。管道上有许多小孔，用空气压缩机给管道充气，空气会从小孔里冒出来，不断浮升、膨胀、破裂，发出嘶嘶的声响，在水中形成一道气泡幕。鱼见到气泡幕很害怕，就不敢破幕而出，只得老老实实地待在牧场里了！

小院士 探索

变废为宝的海洋牧场

在未来的海洋牧场，会建造人工鱼礁，把石块、废旧车辆、废旧轮胎等堆放在海底。一方面，这样做可以使海洋中的微生物和海藻附着在它上面，成为鱼群的食物。另一方面，这些东西还可以改变水流的方向，形成沿人工鱼礁自下而上的水流，把海底营养成分含量高的海水带到海面，吸引更多的鱼儿，试验表明这种方法是可行的。意大利科学家在热那亚沿海地区，把1000多辆旧汽车放在海底，天长日久，汽车上长满了水下植物，成了鱼类和其他海洋动物栖息和避难的场所。日本和美洲有些国家在过去几乎不可能捕到鱼的沿海地区，采取这种方法后，捕鱼量竟然一下子增长了十几倍。

能用海洋的"体温"来发电吗

小院士求知

◆ 水温的能量

根据科学计算,在面积相同、时间相同的情况下,海洋要比陆地多吸收10%~20%的热量,海水的热容量比土层大2倍,比花岗岩大5倍,比空气大3100多倍,因此海洋成了地球上吸收太阳能的最大热库。

早在1926年的时候,科学家就在实验室里首次研究成功了利用海洋的温差发电。研究者发现,太阳辐射的热量进入海面以下1米处,大部分能量就被海水吸收掉了,几米以下的热量已所剩无几,水深200米处,基本接收不到任何热量了。因此,海面和海底巨大的温差和能量差就使海洋温差发电成为可能。

在实验中,研究者先将海洋表面的温水引进真空锅炉,这时因压力突然大幅度下降,温度不高的温水也立即变成蒸气。例如,在压力为0.031

小院士的发现

前面我们已经讲过海浪和潮汐,它们所蕴含的能量之大已经让人吃惊。可是在大海中,真正最有力量的,并不是那些看起来气势汹汹的波涛,而是默默地蕴藏在海水中的热能。地球上的海洋贮存了140亿亿吨的海水,太阳每天的辐射都在给它加温,地球内部散发的热也在对它烘烤,这里面蕴含了巨大的热能,我们该如何利用好这个巨大的能源呢?

兆帕时，24℃的水也会沸腾。利用这种温度不高的蒸气可以推动汽轮发电机发电，然后用深层的冷海水冷凝后，继续使用。

◆ **温差发电成现实**

理论显示，冷、热水的温差在16.6℃就可以用来发电，但实际应用中一般20℃以上即可实现。对于海洋来说，这个门槛并不高。凡南北纬度在20度以内的热带海洋都适合温差发电。例如，我国西沙群岛海域，在5月份测得水深30米以内的水温为30℃，而1000米深处只有5℃，是非常适合建造温差发电厂的地方。

1979年8月，世界上第一座试验性海水温差发电厂在美国

夏威夷问世。这座电厂的发电能力为50千瓦，它设在一艘驳船上。同年8月到12月开始了试发电。这次发电成功告诉人们，海水温差发电将很快具备商业价值。也就是说，如果用来销售，是可以赚钱的。

另外，日本也从1974年开始实施"月光计划"，打算利用海洋温差发电向国内提供大型电源。看来，在人们的不断努力之下，利用海洋发电的日子已经越来越近啦！

小院士探索

海洋温差中的能源

大海里蕴藏着巨大的热能，据估计只要把南北纬20度以内的热带海洋充分利用起来发电，水温降低1°C放出的热量就有600亿千瓦发电容量。全世界人口按60亿计算，每人也能分得10千瓦，前景是十分诱人的。同时，海洋也是全世界最大的太阳能收集器，6000万平方千米的热带海洋一天吸收的太阳辐射能，相当于2500亿桶石油的热能。如果将这些储热的1%转化成电力，也相当于有140亿千瓦装机容量，要知道这可是美国现今发电能力的20倍以上呢！

海浪也能杀人吗

小院士求知

◆ 恐怖的"巨浪杀手"

现有气象理论认为，即使在最恶劣的暴风雨中，海浪也不会高过10米。可是，大自然总是会制造出一些意外，让人震惊和不安。2006年5月21日晚，当价值1亿英镑、号称"海上巨无霸"的法

小院士的发现

看过美国大片《2012》的人都对片中的惊天巨浪印象深刻，那种杀伤力确实令人震撼。大海深处藏着太多秘密，"杀人浪"就是一直让世界各地的海员与水手们心惊肉跳的传奇之一。长期以来，主流科学界曾将"杀人浪"视为迷信，但最新研究表明，"杀人浪"确实存在，它常在世界各地的海域神秘出现，制造一宗又一宗海难。那么，这个可怕的东西是怎么形成的，我们有没有办法预防它，或者制服它呢？

169

国豪华游轮"彭特·艾温"号满载着1150名乘客行驶在法国和西班牙之间的比斯开湾时,突然遭遇高达15米的巨浪袭击,伴随着一声奇怪的巨响,吃水线15米以上的船舱全部进水,船舱玻璃被悉数击碎。最终,该船被迫紧急返回码头修理。这一离奇事件,再次引起人们对传说中的"杀人浪"的恐惧。目前,还没有任何一种船只能抵挡得了巨浪的破坏力。

◆ **高达30米的海浪墙**

一直以来,这种神秘海难被解释为船体维护欠佳或航行人员操作违章,后来,科学家才发现众多事故背后另有真凶。此时,"杀人浪"才浮出水面。

据悉,为了验证"杀人浪"的传言,欧洲宇航局曾启动"大海浪计划",即开启两颗地球扫描卫星ERS-1和ERS-2,用它

们的雷达对地球海洋进行扫描监控，对各处海洋的浪高进行测量。数据显示，在3周之中，扫描卫星在世界不同海域发现了10个超过25米高的巨浪，其中一些巨浪高度竟接近30米。

◆ 科学家的解释

海浪是大风劲吹海平面的结果，但"杀人浪"的出现却让科学家颇为困惑。他们最后为这种不合常规的现象提供了两种解释。一种解释认为，波浪及风向都朝向强大的洋流时，会抬高水面，形成超出常规的巨浪；另一种解释认为，在某种特定条件下，波浪会变得极不稳定，比如发生海啸时，它会从邻近的波浪中吸收能量，使自己不断增高，并最终形成巨大的"杀人浪"。

虽然研究人员对"杀人浪"成因的看法还不能统一，但无可争议的事是，现代船舶的设计并未考虑到如何防范"杀人浪"的杀伤力，如果真的遇上，恐怕只能听天由命了！

小院士探索

海啸的危害

海啸是一种灾难性的海浪，通常由震源在海底下50千米以内、里氏震级6.5以上的海底地震引起，水下或沿岸山崩或火山爆发也可能引起海啸。海啸的传播速度与它移行的水深成正比。在太平洋，海啸的传播速度一般为每小时两三百千米到1000多千米，海啸不会在深海大洋上造成灾害。正在航行的船只甚至很难察觉这种波动。海啸发生时，越在外海越安全。一旦海啸进入大陆架，由于深度急剧变化，波高骤增，就可能带来毁灭性的灾害。

深海中也有生命吗

小院士求知

◆ 小鱼、小虾都是大力士

实际上，到目前为止，人们对于深海生物的研究并不深入，因为厚重的水层的阻隔给研究造成了许多困难。近些年来，深潜器、水下机器人和深海照相、水下电视等技术的出现，为研究和认识深海生物提供了便利，但是，我们对深海生命现象的研究才刚刚开始。

令人难以置信的是，在永久黑暗的深层海水环境中，照样有各种生物，在万米的深海里，人们还见到了仅有几厘米的小鱼和虾。要知道，在这个深度，我们人的手指甲盖那么大小的面积上，都要承受 700 千克左右的压力。这个压力，可以把钢制的坦克车压扁，这些小生命到底是如何承受这种压力的呢？

◆ 为适应环境而进化

科学家表示，为适应环境，这些深海鱼

小院士的发现

在 18 世纪以前，生物学家都认为，在深度超过 550 米的海洋中，不可能存在生命。因为，当水深超过 500 米时，阳光照射不到，漆黑一片，动植物都无法进行光合作用。然而，在 1872—1876 年进行环球科学考察时，英国"挑战者"号考察船意外地在数千米深的海洋中，发现了海百合、蠕虫等生物，还有小鱼、小虾。那么，究竟是什么样的生命挑战了人们一直以来的观点，这些生物又是靠什么在那么深的海洋中生存的呢？

类的身体功能已经发生了很大的变化。

　　首先，这些变化反映在深海鱼的肌肉和骨骼上。由于巨大的水压，深海鱼的骨骼变得非常薄，而且易于弯曲。肌肉组织变得特别柔韧，其纤维组织也变得出奇的细密。更有趣的是，这些深海鱼的鱼皮组织变成一层非常薄的膜，它能使鱼体内的生理组织充满水分，保持体内外的静压平衡，这就是深海鱼类为什么不会被如此巨压压扁的原因了。而其余的各种生物，既然能够存活在

深海中，自然也会有它们各自的高招，只是目前还不为我们所知罢了。

小院士探索

高效的冷光

科学家研究发现，许多深海动物都有一个共同特点，那就是自备有发光器官。不过，它们发出的光与众不同，是冷光。冷光是与热光相对而言的，顾名思义，就是不发热的光，或者叫生物光。

与热光相比，冷光的发光效率特别高，而且光线也十分柔和，这是太阳光等自然光无法相比的。一般电灯泡耗掉的电能中只有4%转化为光，其余的都变成了热能。而深海动物身上的冷光就不同了，它们的效率可达到80%～90%。如果人类能够揭开冷光的秘密，并为己所用，那一定对节约能源有很大的帮助。

海洋怎么能成为粮仓呢?

小院士求知

◆ 在海里"种粮食"

前面说过了在海里可以放牧鱼群,所以,如果有人告诉你可以在海里"种庄稼",大家也就不会那么吃惊了吧,因为它们的道理是相同的。那么,在海里种植什么样的"粮食"最适宜呢?

在辽阔的大海中,有着常人难以想象的丰富的生物资源,其中海洋植物就有3000~4000种。不过,目前,人们能够利用的主要还是藻类。科学家通过试验证明:人工繁殖海藻,一公顷海面就可以获得20吨蛋白质,相当于在陆地上种植40公顷大豆所提供的蛋白质。据估计,仅在世界上的近海区,海藻的产量就比全球的小麦产量高

小院士的发现

要回答这个问题,就要看我们把什么当作粮食了。的确,海洋里不能种水稻和小麦,但是能够种植一些可以直接或者间接当作粮食的东西。这样,就可以解决全世界耕地不断减少的难题了。那么,到底种什么好呢?

175

出 20 倍。

◆ **海洋"耕作"并非梦想**

据科学的统计，形形色色的海洋生物，每年繁殖的总量达几亿吨至几十亿吨。但现在能够被人们利用的却只有总量的 2% 左右。

如果人类能在不破坏生态平衡的条件下，对可利用的海域实行"耕作"，兴办海洋农场，海洋就能成为高产的蛋白质工厂，每年给我们生产出上百亿吨的粮食，人类就再也不用为吃饭发愁了。

其实，海洋不仅是一座巨大的蛋白质加工厂，也是各种微量元素的宝库。自从人类发现碘以来，几乎在所有的海洋生物中都可以找到它的身影，尤其是在海藻中。而碘又是人类必不可少的微量元素，由海洋生物制成的补碘剂广泛应用于我们的生活中。

小院士探索

海藻养殖的现状

人类养殖海藻的历史还比较短，养殖的种类也不多，仅有海带、裙带菜、紫菜、石花菜、江蓠、麒麟菜等几种。从事养殖的国家都集中在亚洲太平洋沿岸，主要有中国、日本和朝鲜。1987年，世界人工增养殖海藻约3139万吨，占每年水产养殖产量的23.5%。

日本的海带和紫菜增养殖技术非常先进，产量约占世界海带和紫菜总产量的3/5。在紫菜增养殖上，日本已经实现了选种、自交、单株采果、孢子培育等人工化生产。韩国的裙带菜增养殖技术最为先进，最高年产量达到31.39万吨，完全实现了人工化生产，在育苗方法上多用室内常温育苗，产量一直很稳定。